高校教育教学与学生管理

杨 刚 王 新 刘 丹 著

全国百佳图书出版单位
吉林出版集团股份有限公司

图书在版编目（CIP）数据

高校教育教学与学生管理 / 杨刚，王新，刘丹著
. -- 长春 ：吉林出版集团股份有限公司，2022.9（2023.9重印）
　　ISBN 978-7-5731-2293-3

　　Ⅰ．①高… Ⅱ．①杨… ②王… ③刘… Ⅲ．①高等学
校－教育管理－研究 Ⅳ．① G640

中国版本图书馆 CIP 数据核字（2022）第 175694 号

GAOXIAO JIAOYU JIAOXUE YU XUESHENG GUANLI

高校教育教学与学生管理

　　　著：杨　刚　王　新　刘　丹
责任编辑：沈丽娟
技术编辑：王会莲
封面设计：冯冯翼
开　　本：710mm×1000mm　　1/16
字　　数：166 千字
印　　张：8
版　　次：2022 年 9 月第 1 版
印　　次：2023 年 9 月第 2 次印刷
出　　版：吉林出版集团股份有限公司
发　　行：吉林出版集团外语教育有限公司
地　　址：长春市福祉大路 5788 号龙腾国际大厦 B 座 7 层
电　　话：总编办：0431-81629929
印　　刷：涿州汇美亿浓印刷有限公司

ISBN 978-7-5731-2293-3　　　　定价：48.00 元

前　言

教育既是国家战略大计，又是民生发展的首要关切。强国必先强教，强教支撑强国。高校学生作为国家培养的高层次人才，理应成为建设创新型国家的实践者，成为我国实现人才强国战略的生力军，肩负着建设创新型国家的历史使命。

高校教育教学与学生管理在保证高校人才培养质量、规范大学教育管理秩序、培养社会主义事业合格建设者和可靠接班人等方面发挥着十分重要的作用。新时期，高校学生教育管理工作处于一个开放、多元、变革的环境。在经济全球化、文化多元化、社会信息化的背景下，随着高等教育大众化趋势的发展，高校学生管理工作也发生着深刻变化。学生管理是高校管理的一个重要环节，它关系到培养什么人、怎样培养什么人、为谁培养人，这就要求我们要转变思想、明确目标、完善管理制度、创新管理方法，努力适应新发展阶段的需求，建立新型、高效的学生管理运行机制。

本书以高校管理和高校教育管理制度为切入点，详细论述了高校管理的理论基础和高校教育管理制度的实务逻辑，着重对高校管理者、高校领导队伍建设、大学生管理、高校思想教育方法、高校思想教育建设进行了系统深入的研究，从而有针对性地提出解决实际问题的方案，为高校的教育教学与学生管理提供操作性强、价值度高的切实对策，为我国高等教育发展提供研究支持。本书结构清晰、内容翔实，具有全面性、系统性、实用性的特点。

笔者在撰写本书的过程中，借鉴了许多前辈的研究成果，在此表示衷心的感谢。由于高校教育教学与学生管理需要探究的层面比较深，笔者对一些相关问题的研究不透彻，加之撰写时间仓促，书中难免存在一定的不妥和疏漏之处，恳请前辈、同行以及广大读者斧正。

目录
CONTENTS

第一章　高校管理

第一节　高校管理的内涵与价值

一、高校管理的内涵

我国高校"学生管理工作"概念，一般指学生非学术性活动和课外活动的总称，具体包括思想政治教育、遵纪守法和行为规范教育、日常管理、学生社团、各种课外活动、文体活动、经费资助、帮困助学服务、学生心理卫生、健康医疗、就业指导与管理、学术支持等多领域。

"学生管理"是指高校对学生事务的计划、组织和领导，是一系列与学生相关的非学术性事务——包括生活辅导、课外活动、身体保健、就业指导、心理咨询、勤工助学、校园秩序、奖励与处分等事宜。高校学生事务最终目的是服务于人才培养，帮助和促进个体全面发展。因此，与教学、科研、服务的有效整合，是当前高校学生管理工作发展的重要方向。高校学生管理的内涵应该包含教育、服务和管理三个方面。

（一）教育

学生管理的内涵首先是教育，学生管理是高等教育的一部分，也是促进学生身心发展的社会化活动，所有形式的学生管理都必须带有一定的教育性。学生管理的教育内涵需要对学生进行正面的思想政治教育，帮助学生确立正确的世界观、人生观、价值观，促进其具备健康的心理素质，引导其获得职业生涯规划与就业能力，塑造其优秀的人格品质和个性特质。

（二）服务

学生管理可能涉及的一切方面，诸如学籍注册、资助活动、住宿管理、社区服务、职业规划、心理咨询、娱乐休闲、社团活动等许多方面既是管理

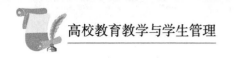

工作，更体现出服务性。学生管理的服务内涵即如何为学生的成长、长才和发展提供必要的服务条件。

（三）管理

学生管理有自己特定的目标，需要专业的技能和经验，要求科学地组织各种资源。因此，它是一种特殊的管理行为。学生管理关注的是学生的成才和发展，主要指对学生正常校园行为的管理，包括校园秩序维护、学生的学习环境管理与课外学习组织、学习效果评价与奖惩，学生班级、社团的领导与组织，学生活动的组织与协调等。

二、高校管理的价值

（一）高校管理的社会价值

高校管理的社会价值是指高校管理对社会运行与发展的作用和意义，即高校管理的属性和功能对社会运行与发展需要的满足。高校管理的社会价值集中表现在它是培养中国特色社会主义建设合格人才的重要手段，构建社会主义和谐社会的内在要求。

1. 培养合格人才的重要手段

中国特色社会主义事业的发展需要数以亿计的高素质的劳动者、数以千万计的专门人才和一大批拔尖创新人才。高等学校是人才培养的重要基地，其中心任务就是要为中国特色社会主义建设培养合格的专门人才。而高校管理则是高等学校人才培养工作的重要手段，在培养合格人才中发挥着不可或缺的重要作用。

2. 培育时代新人的内在要求

党和国家在不同发展时期都有相应的人才培养定位，纵观"社会主义新人"教育思想到"三好学生""四有"新人、"培育德智体美全面发展的社会主义建设者和接班人"直至"时代新人"，这一系列人才培养目标的变化都反映出时代新人的历史性、时代性特征。时代新人是新时代背景下明确而稳定的人才培养目标，从本质上也反映出人自我觉醒的过程，党和国家尊重人的主体性特征，致力于推动人的全面发展，使人获得自由，成为真正自由自觉的主体。① 时代新人立足于社会主义核心价值观的践行之中，使不同群体，特别是青年群体在社会交往中形成集体意识与共同理念；立足于人类命运共同体的建设，唤醒人的内在共识，使人类的本质得以体现。时代新人将个体的主体性、群体的主体性以及人类的主体性相连接，实现了个体性、人民性与人类性的统一，使人不仅关注个体自身发展，更加注重广泛的群体价值，真正使人成为实践主体。

（二）高校管理的个体价值

高校管理的个体价值是指高校管理对大学生个体成长与发展的作用和意义，即高校管理的属性和功能对大学生个体成长与发展需要的满足。高校管理的个体价值主要表现在引导方向、激发动力、规范行为、完善人格和开发潜能等几个方面。

1. 引导方向

高校管理具有突出的导向功能，对大学生的成长和发展起着重要的导向作用。高校管理的导向作用，主要表现在以下三个方面：一是引导政治方向；二是引导价值取向；三是引导业务发展方向。

2. 激发动力

高等学校的系统教育为大学生的成长和发展提供了良好的条件，而大学生能否健康成长和全面发展，关键在于大学生自身的主观努力即主观能动性的发挥。要促进大学生的成长和发展，就必须注重激发大学生的内在动力，充分调动他们的主动性和积极性。高校管理具有显著的激励功能，在激发大学生内在动力方面具有突出的作用。

3. 规范行为

高校管理的一项重要任务就是要科学制定和严格执行各项管理规章制度和纪律，以规范大学生的行为，促进其形成文明的行为方式和良好的行为习惯。高校管理在规范大学生行为方面的作用，主要是通过加强制度建设、严格纪律约束、引导自我管理三种途径实现。

4. 完善人格

人格是一个人所具有的稳定而统一的心理特征的总和。通俗地讲，人

---

① 王珺. 试论高等教育管理的价值取向 [J]. 黄冈师范学院学报，2009(4)：88.

格就是指一个人的品格、思想境界、情感格调、行为风格、道德品质、精神面貌等。人格既是个人发展状况的集中表现，也是个人发展的内在主观条件。人的全面发展内在地包含着人格的健全和完善。高校管理以促进大学生的全面发展为根本目的，因而必然要注重培育大学生健全的人格，以促进他们形成崇高丰富的精神境界、高尚优秀的道德品质、积极健康的心理品格。

5. 开发潜能

人的潜能是指人所具有的有待开发、发掘的处于潜伏状态的能力。它包括人的生理潜能、智力潜能和心理潜能。人的潜能是人的现实活动力量的潜伏状态和内在源泉，人的能力的发展，在一定的意义上，也就是开发潜能，使之转化为现实活动力量即显能的过程。人的潜能是巨大的。大学生正处于成长和发展的关键时期，着力开发他们身上所蕴藏的丰富潜能，将他们内在的潜能转化为从事社会建设的实际能力和现实力量，是大学生培养工作的重要任务。高校管理作为大学生培养工作的重要组成部分，在开发大学生内在潜能方面发挥着不可或缺的作用。

第二节　高校管理的逻辑与目标

一、高校管理的逻辑

(一) 以知识人为逻辑起点

所谓逻辑起点，就是指理论展开的出发点。把握逻辑起点，是构建理论体系的前提。高校管理既从属于一般管理，又有自己的特殊性。我们之所以提出高校管理应以知识人为逻辑起点，是因为知识人既体现了管理中人性发展的总体趋势，又符合高校管理自身的要求。

一方面，知识人体现了知识经济时代人性的变化与发展趋势。任何一种人性假设理论的提出，都源于对现实的一种新的认识。而现实是处在不断的发展过程中的，现实的变化，使人对自身的本质也有了更深的认识。随着知识经济社会的来临，组织结构的变化和通信技术的进步，管理者必须强调人的知识性，只有这样，才能使我们的管理方式更符合现实的要求，才能提高我们的管理效益。

另一方面，知识人也体现了高校管理的特殊性。

第一，知识人体现了高校管理求真的目的与引导完备人性的建构与发展的本质。知识人以传播、应用和创新知识为主要任务，以追求真理、发展学术为目的，这与高校管理的求真的目的是相吻合的。知识人又是有极大发展潜能与可塑性，追求自身的不断完善，以实现全面自由发展的一类群体，这也符合高等教育管理引导完备人性的建构与发展的本质。

第二，知识人反映了高校管理价值属性与"大学人"这一特定人群的性质特点。知识成为两者由此及彼的通道，将高校管理与"大学人"的需要、动机、渴求紧密地联结为一体。知识既是知识人的本质特征，同时也是高等教育管理的核心内容。

"知识人"是高校学术工作的主要承担者。学术工作就是发现、保存、提炼、传授和应用知识的工作。知识人表现出对高深知识无止境的追求，把学习作为自己生命的一部分，求知的需要成为其最重要的需要之一。他们愿意、喜欢用他们的知识和能力创造出成就，不断地寻求自我发展，挖掘自身潜力，实现自我优化。于是，知识成为他们最本质的特征：以传播、应用和创新知识为己任，以发展学术、追求真理为目的；他们通过知识的传播，应用和创新来实现自身的不断完善，实现全面自由发展。

知识具有"日益专门化、数量越来越多、知识密集性、知识广博性和自主性程度越来越高的特点。这些特点最适用于先进的学术系统"，无论哪一个层次的教育，都离不开知识这一核心概念。知识成为教育的基本出发点和基本领域。知识给每个教育系统以力量，并把所有系统结合在一起。就高等教育的任务来说，高等教育系统的各种活动都包含着知识这个共同因素。学者们在科研中创造它，在学术工作中保存、提炼和完善它，在教学、服务中传播它。自高等教育产生以来，处理各门高深知识就是高等教育的主要任务，并一直是各国高等教育的一个共同领域。高等教育是以培养具有创新精神的人、以完善人的精神性为最终目的。而这一目的之实现，是通过"知识"充满生命意义的符号体系来完成的。知识是构建丰富的人的精神生活空间的基本材料，是实现高等教育目的的重要手段。无论是不同的历史阶段，还是不同的社会，"知识材料，尤其是高深知识材料，处于任何高等教育的目的和实质的核心"。[①] 高等学校的各个学院、系、所、专业所依托的就是各学科专业的知识系统，学院、系、所、专业也是各学科专门知识活动的场所。各学科专门的知识活动是高等学校的职能活动。这就是说，高等学校的职能就体现在这些学科的知识活动中，而不是体现在其他方面。因此，知识也必然是高校管理的核心内容。

（二）以人性逻辑为中心

高校管理的人性逻辑，也就是以人为中心，让所有的教育教学工作都从人性出发，并以情感作为纽带，努力回归人的本性，从而促进高校管理的和谐与发展。上文中提到，教育管理是通过管理者与师生之间的互动实现的，这属于人与人之间的交往范畴，因此可以看出，坚持从人性出发的管理模式更符合当下高校教育发展的需求。

第一，这是高校现代化管理的需要。在教育改革不断深入的背景下，高校内部的教育制度改革得到一定的发展，比如竞争机制初步建立、教学资源开发观念初步确立等。但是，制度不规范、人才培养观念落后、教学资源配置不当、缺乏长期教育教学规划等依然是目前高校管理存在的问题，这无疑给高校的发展造成一定程度上的阻碍。由于"以人为本"的人性逻辑具有冲破刚性管理模式有形界限的功能，特别是其中的柔性管理制度，它随着客观条件的变化而变化，比如外部环境、时间等，它作为一种崭新的管理模式，灵活多变、反应敏捷，管理时不会对稳定的规章制度和固定的组织结构产生依赖。因此，对人性逻辑的重视是高校现代化管理的需要。

第二，是高校教育的需要。教师是教学的传教者，学生是受教者，但是二者都应成为教学的主体，是传与受的互动关系。教学过程也是需要监督的，若是仅以教师和学生二者为中心，就可能出现教师敷衍教学、学生不求上进的问题，从而形成教学质量不高的局面。比如，高校教师具有高知识层次、工作能力"自信"等特点，但是随之而来的是强烈的自我意识，这使得高校教师们被归为看重自我价值的实现、不受控制、反对压抑、追求学术自由、重视创新精神的群体。为了杜绝这一现象，就应该引入第三方，也就是教学管理者。教学管理者如果可以合理配置教学资源，做好监督工作，并引入适当

---

① 李黎明. 科学管理在高等教育管理中的作用 [J]. 文学教育（上），2012(4)：66.

的激励机制，在鼓励教师的创造精神的基础上激发教职工的自觉性和责任感，使教师的工作积极性和学生的学习积极性被调动起来，帮助高校师生进行自我管理和自我约束，就可以将其管理的职能发挥出来，促进高校管理的和谐。

总的来说，高校教育管理要以人为本，通过走管理制度改革创新之路，让教师在和谐向上的管理氛围中增强归属感和主人公意识，使教师的工作积极性和创造性得以激发，同时，也给社会输入素质较高的技能型复合人才，这样不仅有助于学校各项工作的开展，还能够对整个高校教育事业的健康发展起到推动作用。

二、高校管理的目标

(一) 高校管理目标的含义

什么是高校管理的目标？有人主张高校管理的目标应参照一般管理的原则，以追求"效率和效用"为目标。显然，这种认识只关照了管理活动的共同特征，在高校管理这个特殊的领域里，尚还需有更深刻的反思。也有人主张教育要走入"社会的中心"，以社会的需要为目标，政治需要就为政治服务，经济需要就为经济服务，将教育目标委托给其他部门"代管"，显然，这是不明白教育本质、迷失教育精神的表现，其后果是把学校"改造"成为阶级斗争的"阵地"或没有烟囱的"工厂"。那么，如何寻找高校管理的目标，高校管理目标应该如何定位？我们认为应该固本清源，分清高校管理中的主要矛盾和次要矛盾，抓住众多目标中的核心目标和根本目标。教育组织的本质就是高校管理的根本。只有夯牢高校管理之根之本，才能把握好高校管理的方向。

(二) 高校管理目标的本质

求真是高校管理的目标，也是本质。求真就是追求真理，是对客观世界的本质的叩问和证实。求真之"真"有两重含义：一是认识之真。认识之真描述了主观的认识与客观对象的本质之间的关系，如果这种关系是真实的、吻合的就是真理，如果这种关系是虚构的、歪曲的就是谬误。认识之真的任务就是要澄清事实，纠正谬误。人类的认识活动都是以理性为深刻，以怀疑为起点，以批判为武器，以求真为目标的。它是在宽容的氛围中自由地探索，在公平的制度里独立地思考，从而养成求真的意识、质疑的态度、宽容的心态与独立的人格。以求真来消解虚伪，以创造来克服守旧，以自由来抑制专制，以宽容来代替独尊，以独立来摆脱依附，以质疑来取代盲从，以公平来化解特权，以理性来平衡偏见，以科学来消除愚昧的。二是态度之真和精神之真，即一种对科学执着的信念，这种信念能够贯穿于学术行为的始终。因此，求真既是科学把握世界的唯一方式，又是科学活动应有的精神和态度。人们在真理面前和探索真理的过程中，必须完全忘掉自己，无论真理是什么样子，都要准备热爱它。这是发现真理的必由之路，这是科学工作者的必备良心。

第三节　高校管理的过程与方法

一、高校管理的过程

高校管理过程主要包括决策、计划、组织和控制四个环节。这四个环节是既相互区别，又相互联系的。

(一) 高校管理决策

高校管理决策是指高校管理工作者为了达到一定的目标，在掌握充分信息和对有关情况进行深刻分析的基础上，运用科学的方法，从两个以上的可行性方案中选择一个合理方案的分析判断过程。高校管理决策过程包括：研究现状，明确问题和目标，制定、比较和选择方案等阶段性的工作内容。

(二) 高校管理计划

计划过程是决策的组织落实过程，决策一旦做出，计划就要紧紧跟上。计划是对决策目标的进一步展开和落实，离开了计划，决策便失去了意义。

高校管理计划就是在决策既定目标的前提下，进一步根据实际情况，科学地、及时地预计和制定为达到一定的目标的未来行动方案。具体来说，就是通过将学校在一定时间内的活动任务分解给学生管理的每个部门、环节和个人，从而不仅为这些部门、环节和个人的工作以及活动的检查与控制提供依据，而且为决策目标的实现提供组织保证。

高校管理计划是一种协调过程，它给学生管理部门和学生管理工作者以及学生指明了方向。当所有有关人员了解了组织的目标和为达到目标他们必须做出的贡献时，他们便开始协调他们的活动，互相合作，形成团队。而缺乏计划则会走许多弯路，从而使实现目标的过程无效率而言。[①] 高校管理计划还可以促使学生管理部门和学生管理工作者展望未来，预见变化，以及制定适当的对策，同时减少不确定性、重叠性和浪费性的活动。最后，高校管理计划还能通过设立目标和标准以便于进行控制。在计划中必须要设立目标，而在控制职能中，人们又会将实际的绩效与目标进行比较，发现可能发生的重大偏差，采取必要的校正行动。可以说，没有计划，就没有控制。

(三) 高校管理组织

高校管理组织就是高校学生管理机构和学生工作管理者为了有效地实施既定的计划，通过建立管理机构，确定职位、职责和职权，协调相互联系，从而将组织内部各个要素联结成一个有机整体，使人、财、物、信息、时间、技术等资源得以最佳配置和利用。

高校管理机构设置是否科学合理，组织工作是否有效，直接关系到大学生的成长和未来发展，关系着高校管理目标的实现。要有效地实施高校管理，一定要使高校管理组织机构科学化、合理化，为此，就需要构建一套科学的高校管理机构并使之有效发挥其职能。

(四) 高校管理控制

高校管理控制是对高校管理的计划、组织等管理活动及其效果进行测量和校正，以确保组织目标以及为此而拟定的计划得以实现的有效手段。高校管理控制是高校管理机构和每一位高校管理工作者的重要职责，正确和因地制宜地运用控制手段和方法是使控制工作更加有效的重要保证。

在一个组织中，控制就是核实所发生的每一件事是否符合所规定的计划、所发布的指示以及所确定的原则。其目的就是要指出计划实施过程中的

① 潘桂祯，吴清泉. 科学管理对我国高等教育管理的启示 [J]. 卷宗，2019(21)：77.

缺点和错误，以便加以纠正和防止重犯。控制在每件事、每个人、每个行动上都起作用。因为，在现代管理系统中，各组织要素的组合关系是多种多样的，时空变化和环境影响很大，内部运行和结构有时变化也很大，加上组织关系的复杂，处在这样一个复杂多变的系统中，如果组织缺少有效的控制，就很容易产生错乱，甚至偏离正确的轨道。

二、高校管理的方法

(一) 确定以学生为本的工作重心

高校作为知识和文化传播的阵地是大学生全面发展和综合提高的主要场所，高校管理工作必须确立"以学生为本"的工作重心。将学生真正看作可发展、可教育的主体，将管理工作转化为学生发展服务、理解和尊重学生的需要、树立关心和服务学生的思想、改变以往不适合学生特点的管理方式，增强大学生自信心、自主、独立和民主意识，真正将管理工作的重心转向"以学生为本"。

(二) 创新高校管理工作的体制

高校管理是对在校大学生的全方位管理，内容比较广泛，涉及学校的多个部门，需要各部门协调一致，理顺关系，形成合力，以应对高校管理面临的新问题。一是要加强学生工作机构的建设，强化其组织协调功能，建立健全责任制，做到责任到岗，责任到人，责、权、利相统一；二是适当放权，发挥基层作用，校、院(系)、班三级共同承担对学生进行思想教育和行政管理双重任务，既要赋予学院(系)开展高校管理工作的职责，又要让其拥有开展高校管理工作所需要的权力，做到责权统一，及时发现问题，及时教育处理，提高实效性；三是进一步推行校、院(系)层面学生工作体制的党政融洽，协调统一；四是实行年级辅导员制，与学分制相适应。强化以学院(系)为单位的年级管理，进一步增强班级管理、专业教学之间的融合力度。

(三) 突出高校管理工作的学风建设

优良的学风是衡量学校教育教学质量的重要标志之一，更是高校管理工作的重点。高校学生工作应突出学风建设的主旋律，努力把学风建设作为学生工作的切入点和着力点，为社会培养大批的高素质的合格人才。一方面，积极发挥教师和教风在学风建设中的引导作用，在进一步提倡每位教职工在各自岗位上教书育人、管理育人、服务育人的基础上，坚持班主任、辅导员、学生导师在学风建设中的主导地位，加强他们在学风建设中的指导作用。另一方面，坚持学生在学风建设中的主体地位。发挥全体学生自我教育、自我发展、自我约束作用，建立较完整的激励导向和纪律约束机制，以市场需要、择业需要、成才需要来激发大学生的学习动力，把学习—知识—就业紧密联系在一起，把学习—成长—成才紧密结合在一起。

(四) 加强高校管理的服务意识

学生是学校的主体，高校管理既是对人的管理，也是对人的培养。教育、管理、服务是学生工作的三大主题。传统的学生工作大多以管理为主，教育、服务功能相对薄弱。学生工作者要转变思想观念，强化服务意识，自觉为学生做好各方面的服务工作。从当前高等教育的发展特点来看，学生工作中必须突出服务的地位，构建起全方位的学生成才服务体系，为学生的成长、成才创造各种有利条件。

第二章 高校管理者

第一节 高校管理者的内涵、范围及角色

一、高校管理者的内涵与范围

从广义范围来看，凡是在高校中承担各项管理工作的专兼职管理人员都可以称为高校管理者。大学管理人员是一个广义的概念，应当包括大型管理中的领导者和一般管理人员。从狭义范围来看，"高校管理者"则是指在高校从事管理活动，以管理作为自己职业的那部分人；一般是指高校中除了校长以外的其他专职管理人员，基本上与国外大学中的"职员"相似。在不同的国家，"高校管理者"的内涵和范围有着一定的差别。

高等学校职员职级是反映管理岗位层次、类别和职员专业水平、工作能力的标志。根据高等学校的实际，高等学校职员职级分为三个职等和十个职级。其中一、二、三、四、五级为高级职员，六、七、八级为中级职员，九、十级为初级职员。各级职员有明确的岗位职责、任职条件和任期。

在实际操作中，各个高校的情况还是存在很大差异。管理人员分类制度在纵向上称为职级，在横向上称为职系。我国高校管理者按照国家行政机关工作人员的职务分类方法，在纵向上分为处级、科级、员级。

在实践中，领导与管理是经常连用的两个词，这两个概念也有许多相似之处，但是从西方学术研究来看，领导与管理还是有所区别。按照有关学者的看法，关于领导的研究可以追溯到亚里士多德时期，而管理的研究则是19世纪末20世纪初伴随着工业社会的到来而出现的。管理意味着完成活动，支配日常工作；而领导则意味着影响他人，为变革创建远景。按照比较通俗的说法，大学校长属于领导者，而其他管理人员则属于管理者。从大学发展的历史经验来看，高校内部的管理者必须是职业化、专业化的管理者，才能够实现高校的办学目标。从职业的意义上来看，校长其实是一种职位，高校

内部的专职管理人员群体才有可能成为一种职业。

二、高校管理者的角色

在社会学中，角色一般称为社会角色。作为社会分工的结果，角色本是一个中性的概念，尽管角色的内容不一致，但角色之间是平等合作的关系，并没有等级之分。只有当角色与收入、身份、社会地位等联系在一起时，角色才有了层级之分，成为社会身份和地位的标志。人是一切社会关系的总和，人从出生到生命的终结，一直都在扮演着各种角色。从一定意义上，我们甚至可以说正是角色定义了我们的人生。在传统社会中，人的角色较为单一，而在现代社会中，由于社会分工的原因，导致人们在生活中承担越来越多的角色。角色理论是人类学、社会学以及社会心理学等学科共同关注的一个研究领域。

在现代人的众多角色中，职业角色是一种非常重要的角色。在现代社会中，职业是人们生存和发展的主要方式，也是人们承担的最经常的一种社会角色。所谓职业角色，就是指人们在一定的工作单位和工作活动中所扮演的角色，是社会和职业规范对从事相应职业活动的人所形成的一种期望行为模式。

高校各级管理人员在工作中主要承担的职业角色包括六种：领导指挥者的角色、参谋者的角色、信息传递者的角色、调查者的角色、研究者的角色、协调者的角色。高校管理者由于所处的层次不同，承担的角色也有所侧重。其中，高层管理人员主要起着学校工作决策者、领导者、责任承担者、创新者、协调者、评定和督导者等角色。中层管理人员则主要承担着部门工作领导者、责任承担者、协调者的角色，起着学校领导的参谋、学校工作计划研究者、下属人员工作的评鉴和督导者、学校政策执行者等角色。而基层管理人员则主要充当着调查研究者、信息传递者、被咨询者、人员协调者、日常事务处理者等角色。[①] 高校管理者应该承担五种角色：一是管理者角色；二是服务者角色；三是协调者角色；四是执行者角色；五是监控者角色。同时，我国高校管理者在职业角色的履行方面，存在着角色错位的现象，具体包括两种：一是角色间错位，包括高位低移、低位高攀和平位互侵三种类

---

① 范灵．高校管理人员绩效考核若干问题与对策研究 [J]. 江苏高教，2015(8)：66.

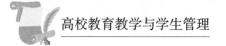

型；二是角色内错位，包括角色行为期待与实际心理体验错位和角色实际扮演的错位等。

职业角色与高校管理者的专业发展之间存在着密切的关系。有学者认为，持续性专业发展包括了所有有助于改进个人自身实践的正式和非正式的学习行为与活动，持续性专业发展更为强调职业角色的发展。对于高校管理者而言，其职业角色也包含了多个维度，包括角色定位、角色认同、角色期望、角色扮演、角色学习、角色发展等。角色的发展与专业发展密切相关，高校管理者只有拥有自觉的、明确的职业角色意识，才能够有意识、有针对性地开展其专业发展。

第二节　高校管理者的素质要求与能力要求

一、高校管理者的素质要求

(一) 思想政治素质

高校每一位管理人员必须具有坚定的政治立场、正确的政治观点、牢固的中国特色社会主义信念和清醒的政治头脑，树立正确的世界观、人生观和价值观，热爱党、热爱社会主义、热爱祖国、热爱人民，在大风大浪面前经得起考验，特别是在市场经济条件下，能够经得起各种诱惑的考验，始终做到廉洁奉公，勤政为民，不为金钱所动，不为美色所惑，不为名利所困，永远保持艰苦奋斗的政治本色，自觉地坚持党的基本理论和基本路线，坚持党性原则，坚持实事求是，谦虚谨慎，密切联系群众，想师生之所想，急师生之所急，忠诚于党的教育事业，把培养社会主义的建设者和接班人作为自己光荣的历史使命，并为此而奋斗终生。

1.科学的世界观和人生观

马克思辩证唯物主义的世界观是唯一科学的世界观，它是科学人生观的理论基础。辩证唯物主义科学世界观认为，世界是物质的；物质世界是根据一定的规律互相联系和不断发展变化的，人们能通过实践来认识世界，并能按照世界发展规律来改造社会、改造世界，在改造世界的实践中，不断地改造自己、提高自己，从而逐渐树立起科学的人生观。社会主义高等学校的管理人员，只有树立这种科学的世界观和人生观，才能在管理过程中分清什么是唯物主义，什么是唯心主义；什么是辩证法，什么是形而上学；才能在处理问题时，一切从实际出发，按照客观规律办事，全面地、历史地、辩证地分析问题和处理问题；才能在社会主义高教事业的征途中，不断地用人类最先进的思想和最优秀的文化成果武装自己，坚定人生的正确方向，才能在本职工作岗位上，不辞劳苦、兢兢业业、一丝不苟、无私奉献。

2. 正确的政治方向

正确的政治方向就是中国特色社会主义方向。要坚持这一正确方向就必须坚持正确的政治立场，坚持党的基本路线，树立中国特色社会主义的信念。高校管理者必须坚持正确的政治立场。政治立场是每个人在观察和处理问题时所处的政治地位和所坚持的政治态度。社会主义高等学校的管理人员必须要确立正确的政治立场，要坚持党的四项基本原则，热爱社会主义祖国，只有这样才能保持正确的政治方向。

高校管理者必须坚持党的基本路线。党的基本路线体现了全国各族人民的根本利益。不坚持党的基本路线，就不能自觉地为实现党的总任务和总目标服务，就不能忠诚于党的高等教育事业的管理工作。

高校管理者能否坚持党的基本路线，不仅只是自身能否坚持正确的政治方向的问题，而且是直接影响到学校人才培养的方向和高校管理者的工作方向的大问题。因此，高校管理者要深刻领会、认真掌握党的基本路线的精神，以指导自己的思想、言行，教育学生。高校管理者要坚持党的基本路线必须要立足于本职工作，艰苦创业，沿着党的基本路线所规定的政治方向，做好管理服务工作。

高校管理者要有坚定的中国特色社会主义信念。中国特色社会主义信念是人们运用辩证唯物主义和历史唯物主义的科学原理，在正确认识和把握人类社会发展规律的基础上，对建设中国特色社会主义所抱有的一种确信态度和坚定决心。我国高校管理者的根本任务是为社会主义现代化建设培养高级专门人才。他们信念是否坚定，直接影响到学校的人才培养工作，影响到整个教职工队伍的思想。因此，高校管理者要在管理工作中勇于坚持真理、捍卫真理、发展真理。

3. 高尚的思想品质

思想品质是指人在社会实践中，经过感性认识到理性认识的飞跃而产生的一定性质的思想认识和品德行为。高校管理者高尚的思想品质应当表现在全心全意为人民服务的思想、谦虚谨慎尊重群众的态度、批评与自我批评的精神等几个主要方面。思想品质是高校管理者的思想政治素质方面的重要内容。

(二) 职业道德素质

高校管理者的职业道德素质是高校管理者应具有的整体素质中极为重要的方面。高尚的职业道德是我国社会主义高校管理者的根本标志之一，是高校管理者完成各项管理工作任务的有效保证。它对坚持高等学校各项管理工作的正确方向，保证工作质量，促进学校事业的发展和管理人员的自我完善具有重要的作用。

我国社会主义高等学校的地位和作用，决定了高校管理者职业道德素质的内容要求。其主要内容要求有以下几个方面：

1. 热爱工作、献身事业

高校管理者必须忠于人民教育事业，为办人民满意的高等教育做好管理服务工作，这是管理人员忠于祖国、忠于人民的集中表现。每一个管理人员要深刻认识自己的工作职业的社会意义，真诚地热爱本职工作。热爱本职工作、献身高教事业是高校管理者职业道德规范的核心，是决定其他职业道德素质的前提。[①]一个高校管理者，如果不热爱本职工作，就不可能有为高校管理服务、献身于高教事业的思想，也就不可能是一个合格的高校管理者，他的其他职业道德素质的内容要求也就无从谈起。所以，高校管理者的职业道德素质的基础应当是热爱本职工作、献身高教事业。

2. 严于律己、宽厚待人

管理人员必须要有严于律己、宽厚待人的精神，这是每个高校管理者都应当具备的品格。严于律己，就是要对自己约束严谨，要求严格。高等学校各个部门的管理人员从事着具有一定职能权限的工作，要在群众中间具有威信，能得到群众的支持，使工作开展顺利，就必须严格要求自己，处处为

① 杨春. 我国高校管理人员专业化建设研究 [D]. 兰州：兰州大学，2013.

群众做出榜样。宽厚待人，就是对他人要有宽容精神和友善爱心。高校管理者不仅要严于律己，还需要具有宽容精神。

3. 团结协作、相互支持

高校管理者的工作特点之一，就是层次管理、分工合作。它既有一定的独立性，又需要各方面的配合协作，才能达到学校整体系统的管理目标。因此，团结协作、相互支持是高校管理者应具有的品德。高校管理者要有整体观念和系统思想，要懂得高等学校各个部门或者各个方面的工作，都是组成学校这个整体系统不可缺少的部分。

4. 勇于探索、拼搏进取

这是衡量他们能否高质量完成管理工作任务的标尺，也是高校管理者的职业道德素质中所应当具备的基本内容。勇于探索、拼搏进取，就是指高校管理者不要满足现有的工作成绩和管理水平，要不断总结经验，找出不足，努力好学，刻苦钻研。只有这样，才能不断完善自己、改进工作、提高工作水平。

(三) 文化知识素质

1. 系统的科学文化知识

所谓系统的科学文化知识，是指高校管理者应当具备的文化基础知识、科学专业知识以及经过高等教育严格训练所含有的科学文化修养。高等学校是培养高级专门人才的基地，高校管理者在这种知识分子荟萃云集的环境中进行工作，其目标是为教学、科研和人才培养服务，要做好实现学校整体目标所需要的各项工作，并进行科学管理，就必须具有系统扎实的科学文化知识，这是最基本的要求。高校管理者的科学文化知识，是其知识素质的诸因素之首，是其他因素的基本前提。高校管理者不但要有系统扎实的科学文化知识，还要有一定的专业知识，要有严格的专业训练的学习经历。高校的管理人员必须了解高等学校的目的、性质和基本要求，懂得教育，懂得教育规律，了解大学的办学过程，要具有接受过大学教育的经历，具有大学专业知识。

2. 坚实的马列主义理论知识

马列主义的理论知识是高校管理者的思想武器，是提高思想素质、正确认识问题、不断改进工作的指南。高校管理者只有掌握了坚实的马克思主义理论知识，才能在管理工作中善于抓住事物的本质，从根本上解决问题，使得工作事半功倍。只有具备了马克思主义理论知识，具有较高的马克思主义理论修养，才能深刻地理解党的基本理论、基本路线和各项方针、政策，才能增强执行党的路线、方针、政策的自觉性。高校管理者必须要有坚实的马克思主义理论知识基础，也就是说高校管理者要坚持马克思主义的基本观点，掌握马克思主义学说的基础理论，熟悉政治经济学和科学社会主义的基本原理。

3. 丰富的管理科学知识

管理科学知识是从事高等学校各项管理工作所必备的理论基础，它必须是完整的、丰富的。所谓完整、丰富就是要求高校管理者的管理知识是全面的，既要有系统的管理理论知识，又要有熟练的学校部门管理的理论知识，同时还要有切实可行的学校管理的实践知识。高校管理者要学习和掌握计算机技术，实现管理手段的现代化，提高工作效率。

(四) 身体心理素质

高校管理者健康的身体、心理素质，是从事高校管理工作首先应当具备的基本条件，是高校管理者的素质中极其重要的一个方面。

1. 健康的身体素质

健康的身体素质是高校管理者完成管理工作、做好管理工作、胜任管理工作的必要条件。没有良好的身体素质，就难于承担繁重持久的管理事务和管理研究工作。身体素质是人体在工作和生活等活动中表现出来的一种能力，如体质、精力、敏捷、灵巧等方面的能力。高校管理者特定的工作环境和工作特点要求高校管理者的身体素质必须是体质强壮、精力充沛、反应敏捷、耳聪目明。

2. 良好的心理素质

良好的心理素质是高校管理者胜任管理工作、完成管理任务、协调人际关系的重要条件之一。没有积极的心境、宽松的情绪、坚强的毅力是很难完成艰苦繁重的管理事务和科研工作的，更不容易承受起和解决好错综复杂的各种矛盾。一个合格的高校管理者的心理素质应该心境宽松平静、情绪振奋高涨、心胸开朗豁达，要有坚韧不拔的毅力。

二、高校管理者的能力要求

大量的研究和实践表明，作为高校的管理人员首先必须具备良好的品德基础，这是胜任高校管理工作的前提；其次要具有娴熟的管理工作技能和较高智能，这是做好管理工作的保证。具体到高校管理工作的能力要求，管理人员应具备以下能力：

(一) 学习能力

学习能力即学会学习的能力、终身学习的能力、运用现代信息技术创造性的学习能力。学习是不断提高人的综合素质的一个过程，而是否具备学习能力又是其中的关键。高校管理者工作在创造知识和利用知识的高级知识分子群体中间，每天的工作都面对大量新问题，只有具备较强的学习能力，不断完善自己的知识结构，提高研究和分析工作能力，才能更好地胜任高校的管理工作。

(二) 决策能力

决策能力指管理人员在工作中根据事件、环境和信息状况等，对预定目标和工作方案做出科学决断的能力。在整个管理工作中，从计划、组织、指挥、控制到人员的激励、任用等都需要进行决策，因此决策能力是高校管理者的必备能力。

(三) 表达能力

表达能力是高校管理者能力结构中的重要组成部分，它主要包括语言表达能力和文字表达能力。高校管理者在工作中经常进行研究、交流、指导和协调等方面的具体工作，要开展好这些具体的管理工作，需要具备较强的表达能力。

(四) 组织协调能力

高校是整个社会系统的一个子系统，为使这一子系统良好运行，实现组织目标，就要善于整合和调动系统内部各方面的力量，协调好各方面之间

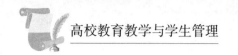
的关系。这就需要高校管理者具备较强的组织协调能力，正确处理学校改革和发展中出现的问题和矛盾。

（五）开拓创新能力

创新能力是能力建设的核心。作为高校的管理人员，不仅要求学习知识，掌握知识，更主要的是要有意识地培养新的思维、观念、方式方法，不断开拓创新，以适应高等教育改革发展中出现的新问题。

第三节　高校管理者专业发展的内容与模式

一、高校管理者专业发展的内容

（一）高校管理者专业发展个人维度的内容

从个人层面来看，高校管理者专业发展就是指高校管理者在实践中，通过不断的教育培训，逐渐习得高校行政管理知识和技能，不断提升高校行政管理能力，最终成为"专家"的专业成长过程。所谓"专家"，必须具备如下条件："专家要控制自己的情感，并靠理性而行动。他们不仅具备较强的专业知识和技能以及较强的理念，而且无一例外地以顾客为第一位，具有无穷的好奇心和永无止境的进取心，严格遵守纪律。"笔者认为，就高校管理者专业发展个人层面而言，主要包括专业意识、专业能力和专业伦理三个方面的内容。

1. 专业意识

专业自主权是一个成熟专业的主要标志。就高校管理者而言，其专业自主权就是指管理人员在其管理职责内，在高校相关规章制度的指导下，在自己的管辖范围内实施自主的管理，同时这种专业自主权也能够得到法律和组织的保障。一个没有专业自主权的职业，不能称之为实现了专业化。专业自主权的产生需要众多的条件，但是其中比较重要的一点就是需要从业者具有明确的专业意识，能够正确行使这种自主权。

高校管理者的专业自主意识主要包括高校管理者对其自身所从事职业

的现状具有明确的认识，对本职业未来发展有明确的生涯规划意识。"个人成长和发展的主要特征之一，是我们会在脑海中形成一个'未来的自己'的模样，它象征了我们想变成一个怎样的人，或者我们需要变成一个怎样的人。"从群体专业化的角度来看，高校管理者专业发展的目标是实现专业化，需要从业成员之间拥有共同的文化认同，最终实现在全日制的基础上从事一个与其他职业有着根本性不同的确定性工作。只有当高校管理者所做的事情是其他人员不可轻易替代时，才算是真正实现了专业化。

高校管理者的专业意识表现为高校管理者对高校管理职业的强烈认同感。这种认同感表现为高校管理者把高校管理工作看成是一种事业、一种生活方式，而非仅仅作为一种谋生手段，有从事这一职业所具有的强烈动机和使命感，并志愿终生致力于该专业。学者梅耶将职业认同分为职业的情感认同、规范认同和持续认同三个维度。情感认同是指个体由于情感上对职业的依恋、认同和心理投入而形成的维持某一职业的愿望；持续认同指个体因离开某一职业必须承受某种成本和代价而不得不继续从事该职业的感知；规范认同则是指个体从职业中获利、处于互惠原则而形成的对职业的忠诚感，或职业忠诚的规范而形成的认同感。只有使人真正投入热情的工作才是值得做的。只有当一个员工处于不断的发展中时，他才会有内在热情，从而不断地努力工作，为组织做出更大的贡献。高校管理者是否拥有专业自主意识，就会以直接的、间接的方式影响着管理人员在管理工作中应当做什么、怎么去做、做到什么程度。

专业自主意识是高校管理者自身专业发展的内在动力，也是高校管理者职业专业化高度发展的结果。要培养高校管理者的专业自主意识，离不开外因和内因：就外因而言，需要外部的政策和制度支持；就内因而言，也需要发挥管理人员的专业自主性，努力提高高校管理者的专业自主意识。在实践中，任何一个职业的专业化发展都是一个长期的、系统的、持续的过程，在这其中，离不开从业者群体自身的努力。因此，高校管理者要在自己的日常工作中，积极开展研究创新，树立终身学习理念，通过自身的主动发展，不断提高自身的专业发展水平。

2. 专业能力

高校管理者的专业发展其实就是其专业能力的发展。高校管理者的专业能力在其身上静态地表现为专业素质（职业素质），包括高校管理者从事管理活动与实现专业发展的多种能力的综合，包括专业知识、专业技能、分析与解决问题的能力、创新能力、不断学习的能力等。高校管理工作既是科学，也是艺术，因此需要将管理理论和管理实践相结合，并且需要通过不断的实践和学习来提高和发展。政府和企业内部的管理专家未必适合高校的管理，学术大师也不一定能够完全胜任高校的管理工作。

在高校管理者的专业能力中，专业知识起着重要的作用。按照社会学的观点，一个专业的科学知识体系由"关于这一专业的知识"和"为了这一专业的知识"两部分构成。前者指的是从事该专业实践的核心知识，往往集中于某个单一学科领域；后者则是从事该专业实践的辅助知识，往往涉及许多学科领域，是某个专业科学知识体系的一部分。例如，对于高校管理专业人员来说，"关于这一专业"的知识是高等教育学和管理学的知识，而"为了这一专业"的知识则包括心理学、社会学、经济学、文学、政治学、写作学等领域与高校管理相关联的各个方面的知识。对于一般职业的从业人员，则不需要接受长期的专业训练。比较成熟的专业已经形成了与该专业同名的系统知识体系，并且在高校中开设有相关专业，修完该专业课程的毕业生则是该领域的准专业人员。

3. 专业伦理

专业伦理，有时也称为职业伦理，是现代社会所兴起的一个社会伦理的中心层次，在现代社会伦理中具有越来越重要的意义。"专业伦理"作为"伦理"的子概念，主要指的是从事一定职业的群体或个人在其特定的工作中所应具备的共同的行为伦理规范和价值要求所应体现出的伦理关系、伦理意识、伦理准则与伦理活动的总和，是社会伦理的重要组成部分和表现出的具体形式。专业伦理和从业者的职业活动紧密结合，是具有职业特征的道德准则和规范的综合。

从职业社会学的角度来看，一个职业能否成为专业，除了需要有专业知识、专业技能、专业训练以外，专业伦理往往起到积极的促进作用。专业伦理可以为高校管理者提供一种在获得自己行动表现和言语表现权力同时的约束力量，进而具体影响高校各项工作目标的完成。"专业发展并不只是着眼于知识与技能的习得，还涉及行动背后的道德理念，以及教育管理者在决策中所遇到的难题与困局。"专业伦理是某种职业或专业的从业人员以其职业定位和发展规律为基础，根据本行业的专业知识，经过逻辑推演而形成的，是一种职业的"内部立法"。

由此我们可以遵循从一般到特殊的原则，认为高校管理者的专业伦理就是高校管理者的职业伦理道德，包括高校管理者需要共同遵循的行为规范、价值取向和群体职业准则等，是高校管理者专业化和专业发展中最为重要的组成部分。对于高校管理者而言，专业伦理经常表现为一种体系或一种制度安排，在实践中则经常表现为各种守则、程序和文本。专业伦理规范既可以是一种正式的制度条文，也可以是一种约定俗成的非正式制度。

(二) 高校管理者专业发展组织维度的内容

对于高校管理者而言，其专业发展有赖于组织制度的支撑。在现代社会中，"制度的主要作用就是以规则约束下的行为替代个人自发的行为。有了惯例，才会使得许多同时发生的行为彼此协调一致"。在高校管理者的专业发展中，只有通过政府组织、专业组织和高校组织的共同努力，才可以真正实现高校管理者的专业发展。高校管理者专业发展组织维度的内容主要包括教育培训制度、专业组织制度和专业资格制度三个方面。

1. 教育培训制度

高校管理者的专业化就是管理人员不断提升社会地位并争取发展成为一门专业的过程。它也是指高校管理者个体在其整个职业生涯过程中依托高等学校和专业组织而习得高校管理者专业知识技能，并通过终身专业训练、实施专业自主、表现专业道德、不断增长专业能力的过程。专业"是由职业发展起来的一种专门性职业，要求从业者在经过专门的教育或训练以后，具备较高深的专门知识和技能，按照一定的专业规范从事某一专门的活动，并获得相应报酬待遇和社会地位"。在高校管理者专业发展的过程中，教育培训制度尤为重要。对于个体而言，教育培训制度可以促进其不断成长；而就群体而言，则可以跨越个体的局限，保存一定的知识，真正实现知识的累积和时空"跨越"。

专业人员不是一天"炼成"的，一个人要想成为专业人员需要一个长时间的过程，需要通过不断地接受培训或者教育。在现代社会中，由于知识的更新速度较快，一个"新手"成长为"专家"往往需要很长的时间。在这一过程里，个人被置于复杂多变的专业活动之中，只有经过持续的学习进修，才能不断地提升自己的专业发展水平。一个从业者由"新手"发展到"专家"，整个过程会经历五个阶段：初学期、初熟期、胜任期、精通期和专家期。从表现看来，这似乎是一个自然的发展过程，但是，实际情况却并非如此，很多实务人员在行业里工作一段时间后就会停滞，只有很少比例的一批人最终会成为专家。导致出现这种结果的原因很多，有外部原因也有个体的内部原因，但是个体未能在实践经验中进行反思学习是导致很多人在某一阶段停滞的根本原因。而要克服这种经验的局限，只有不断地进行教育培训、更新自己的知识系统和认知系统。由此可见，教育培训制度对于一个从业者成长的重要性。

以校本培训为主体的继续教育与高校管理者的专业发展关系最为密切，专业发展的核心就是高校管理者素质的提高，这有赖于持续不断得到培训。高校管理者管理能力的培养，绝大多数都是无法通过学校教育所能完成的，特别需要以岗位培训为核心的非学历继续教育。

2. 专业组织制度

成熟的专业都有维护自身权益的高度发达的自治组织，拥有专门的行业组织即是一个行业专业化的标志。高校管理者要获得社会对其职业专业地位的承认就必须建立相应的专业组织，因为"公认的专业都有一个强大的专业组织，它可以保证专业权限，保障专业水准，提升专业地位，并防止某些专业人员利用专业头衔破坏专业声誉，以此相互担保他们的能力和荣誉"。专业组织对于推进高校管理者的专业化建设具有重要的意义。譬如，美国高校学生事务管理领域拥有众多的专业协会，这些专业协会都试图从一个方面或诸多层次尽力为协会成员提供专业教育和素养培训，从而提高和发展协会成员的专业技能和素质。专业协会可以成为来自不同地区和高校的管理人员相互交流的平台，这对于高校管理者的专业化发展具有重要意义。高校管理者建立专业协会有助于高校管理者明确自身的专业自主意识，有利于专业能力的提升，有利于形成专业伦理规范，有利于在竞争中形成具有排他性的能力和素质。在高校管理者组成的专业协会中，会员们可以深入研究高校管理工作的相关理论，出版发行高校管理工作的学术期刊，讨论和制定高校管理者行业的准入标准、评价体系，并提交给相关教育行政部门作为定政策的决策依据。有利于高校管理者的评价从单一的外部评价转为内部评价、同行认可和顾客认可相结合的多元评价。

3. 专业资格制度

在现代社会中，一个职业要成为专业就必须获得社会其他群体对其的承认和信任。在英语中，承认这一概念的含义主要有三个方面：一是确认，认可，即对某种事物的存在及有效性、合法性、正确性的认可。二是认出，识别，指对曾经见过的事物做出辨别。三是明白，认识到，指经过学习以后对事物特征或外观的认识，如认识到自己的义务。所以承认在一般意义上具有肯定性评价的意味，这种评价以认知为前提，以价值为指向，指的是一种行动具有合理、合法的根据，应当予以支持和赞同。

在这里，"承认"的含义主要取"确认、认可、肯定、同意"之意。而信任则包含着两个层面的内容：一是对"能力"的信任，二是对"诚实"的信任。从以上分析不难看出，信任是社会互动中的一个根本性的心理支撑。任何社会行动的采取、任何社会关系的形成，都必须以信任作为前提和基础。霍斯莫尔曾经说过："信任是个体面临一个预期的损失大于预期的得益之不可预料事件时，所做的一个非理性的选择行为。"在现代社会，由于人的有限理性和复杂的社会环境，系统信任成为主要的信任样式。在系统信任中，最大的两个分支就是货币系统与专家系统，而"科学、学历、同行评议、三位一体，构成了专家系统的信任基础"。而在日常生活中，人们往往会将货币和文凭视为两种最重要的信任机制。因此，推行高校管理者的任职资格制度是增加其他群体对高校管理者专业能力承认和信任的有效途径之一。

高校管理者专业化，就是指作为一个普通职业群体的高校管理者，在一定时期内，逐渐符合专业标准，成为专门职业并获得相应的专业地位的过程。专业标准是衡量一个职业专业化程度的重要准则，高校管理者专业标准体系对于促进高校管理者专业发展有着重要的作用。建立规范的可操作的高校管理者专业标准，是衡量高校管理职业质量的准绳，也是促进高校管理者专业发展的重要举措。

建立高校管理者的专业标准是帮助高校管理者赢取社会其他群体对其专业信任的重要方面。只有当高校管理者被社会和政府认可为一个专业的身

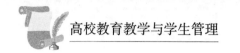
份和社会角色时，国家才会为高校管理者设置一个特许的专业保护市场。市场保护的出现，标志着社会对于一个专业的明确认可和专业化项目的充分成功。由此不难看出，专业资格制度对于高校管理者专业发展的重要意义。

二、高校管理者专业发展的模式

(一) 行政主导型专业发展模式

1. 行政主导型专业发展模式的内涵

行政主导模式是指某一个群体的专业发展由政府、教育行政部门领导和主导，并由教育行政部门及其相关部门具体组织实施，该群体人员必须普遍参加的一种专业发展模式。这种模式在我国经常出现，比如我国高校针对辅导员入职前的岗前培训等。

针对高校管理者的行政主导型专业发展模式大致包括如下五种形式：①针对某个群体的专业化运动。譬如，我国自2004年开始的高校辅导员专业化运动就是一场专业发展模式。②新入职员工的培训，使其尽快适应岗位的工作需要。譬如，有的省份对高校管理者组织的岗前培训。③在职培训。结合岗位进行培训，不断提高其履行专业职能的能力。譬如，有的地方政府组织 (一般都是高校不多的地方政府) 某一地区高校领导或者中层管理人员去国内外高水平大学考察学习。④骨干人员培训。主要培训各级行政管理骨干，使其具备较强的专业素质，在工作中能够起到带头示范和辐射作用。譬如，我国针对新提任的校领导或者后备干部去党校学习培训的形式。⑤专题培训。针对新的实际发展需要所开展的培训。

2. 行政主导型专业发展模式的优缺点

(1) 行政主导型专业发展模式的优点

作为行政指令性的培训，行政主导模式可以促进相应群体的普遍参与，教育培训成为一项不得不完成的重要工作，有助于克服人们尤其是高校基层管理人员工作任务繁重不愿意参加专业发展活动及人性本有的惰性，相应群体人员的参与率高。在我国现行的行政管理体制下，任何重大的改革举措，倘若没有政府的重视，实施的深度广度都会打折扣。因此，高校管理者的专业发展，同样离不开教育行政部门的领导。行政主导型的专业发展模式往往意味着有政策和经费保障。对于一个职业短期内的专业化有积极的促进作用。

(2) 行政主导型专业发展模式的缺点

行政主导型专业发展模式属于传统的培训模式，在组织方式、培训内容、评价方法等方面都存在许多弊端，对高校管理者的专业发展的促进作用不明显，实际效果不一定会非常理想。这种模式容易忽视高校管理者的内在需求。制定的培训方案往往无法照顾高校行政管理人员的个性需求。这种模式强调培训的统一性，无法适应参加培训人员的个性需要，其结果往往会导致参与者的积极性不高。

(二) 高校主导型专业发展模式

1. 高校主导型专业发展模式的内涵

高校主导型专业发展模式，也称校本发展模式，是指某一群体的专业发展由所在高校主导，根据高校的实际情况和实际需要，制定相关制度和方案，组织开展促进该群体专业发展的形式多样、丰富多彩的各项活动。譬如，我国很多高校设立教师发展中心来负责全校教师的教学能力提升工作就是高校主导型专业发展模式的典型代表。

高校主导型专业发展模式包括如下五种形式：一是新入职员工的培训，使其尽快适应岗位的工作需要。譬如，有些高校会对新入职的员工组织一次培训，邀请高校内部主要部门负责人来讲解学校的运行情况。二是在职培训。结合岗位进行培训，不断提高其履行专业职能的能力。譬如，有的高校举办的高校行政管理干部培训班就属于这种类型。三是学历提高培训。主要是指对未达到规定学历的在职人员进行提高学历层次的培训，或者要求其在一定的日期前参加学历教育，并取得相应的学历学位证书，以提高员工的知识和能力。譬如，有的高校为了提高整体员工素质，会要求现有在职员工（包括管理人员）在一定期限内提高学历，否则不能评奖评优，而高校给予报销学费。四是日常培训学习。很多高校也会在日常组织各种学习培训，以提高人员的素质。其中最典型的就是我国很多高校每年寒暑假都会组织的党委理论中心组学习。五是设立相关研究课题。譬如，有的高校为了鼓励青年教师、管理人员结合工作开展高等教育研究，会由学校的高教所等部门设立相

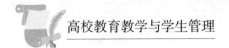

关的研究课题，并鼓励青年教师、管理人员积极申报。

2. 高校主导型专业发展模式的优缺点

(1) 高校主导型专业发展模式的优点

第一，专业发展培训活动与日常工作密切结合，可以缓解工作与学习的矛盾，保证学习时间和效果。第二，专业发展目标具体，直接服务于实际工作需要，有利于克服理论与实际相脱节的弊端。第三，培训形式灵活。管理人员的专业发展活动可以与院校研究结合起来，使培训克服单纯的知识讲授的方式。在听课观摩、问题讨论、实践反思、观点交流等活动中，高校管理者的专业素质可以逐渐得到发展。第四，培训成本较低。

(2) 高校主导型专业发展模式的缺点

第一，培训资源的有限性。尤其是对一些单科性或者办学层次较低的高校而言，这种模式的缺点更为突出。第二，容易导致经验主义。校本培训容易聚焦于行政管理人员所面临的实际问题，但也容易使其专业发展内容仅仅停留在实践经验和操作技能的层次上，忽视对自己工作经验的提升和对教育管理规律的总结与归纳。

(三) 专业协会主导型专业发展模式

1. 专业协会主导型专业发展模式的内涵

专业协会主导型专业发展模式，也可以称之为专家主导型专业发展模式，是指由专门的组织机构或者专家教授牵头组织和实施的针对特定群体的专业发展模式。相对于以上三种组织模式，专业协会主导型专业发展模式专业性较强。主要包括如下四种类型：一是参加相关专业协会，提升专业水平。譬如，高校管理者参加各级各类由高等教育管理人员组成的研究会就是这一种模式的典型代表。二是参加相关研讨班。譬如，高校青年教师、管理人员去国内外高水平大学进修等方式。三是项目合作研究。主要表现为参加同行专家教授领衔的课题研究，通过研究提升自我的素质。四是参加民间学术活动，即民间力量组织的学术培训或学术会议。这些民间组织包括知名大学、各种专业协会组织的学术研讨会或培训班，通过参与这些会议或培训，可以开阔视野、提升自身素质。

2.专业协会主导型专业发展模式的优缺点

（1）专业协会主导型专业发展模式的优点

第一，高校管理者参加相关的专业协会，可以使高校管理者获得"共同体"的认同感，提高其专业发展的内在动力。第二，专业协会主导型的专业发展模式具有较强的问题意识。无论是项目研究还是学术会议，都选择某一领域的特定问题作为主题，使研究或研讨的主题明确。[①] 第三，非强制性。实施专业发展是高校管理者与专家（或机构）双方自愿的结果，因此高校管理者参与专业发展的主动性较强，收获也比较明显。第四，具有选择性。高校管理者可以根据自己的工作实际、兴趣爱好、研究基础等实际情况，有选择地参与相关专业发展活动。

（2）专业协会主导型专业发展模式的缺点

主要包括两点：一是容易受到场所、时间以及经费的限制，大多数高校基层管理人员没有条件参与协会，工作单位也不支持。二是我国缺乏结社传统，专业协会不发达，专业协会的官方色彩较为浓厚，专业协会没有对个人专业发展起到应有的促进作用。

第四节　高校管理者专业发展的建设措施

一、设立专业培养学校，增设相关专业

我国目前提供教育管理学位的主要有高校的教育管理硕士点、博士点以及教育硕士等形式。对于一个成熟的职业来说，其从业人员的来源渠道是应该有保证的，如医生有专门的医学院、医科大学提供经过专业训练、拥有熟练技能的人才，医院所需医生可以从这些学校的毕业生中间选择，一方面可以保证所选择人才的质量，另一方面用人单位也省去招聘之后再培训的麻烦。高校管理人才也是同样，如果要想让从业人员上岗后立即进入状态，拥有所需的各类知识，就必须有提供高校管理人才的渠道，比如高校的教育学专业毕业生等。尽管目前我国已经有了培养高等教育管理人才的相关专业，每年也有一定数量的毕业生，但与所需的人才数量相比远远不够。所以，建

---

① 董立平，周水庭.学术人：高等教育管理的人性基础 [J]. 江苏高教，2011(2)：54-55.

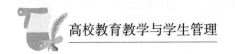

议高校增设相关专业，甚至可以像设立医科大学或医学院一样设立高等教育管理学院，专门培养高等教育管理人才。

借鉴国外发达国家综合大学教育学院的课程设置，在课程设置方面，管理的基本理论、学校管理的相关理论、相关的教育法律知识、课程与教学的基本理论、教育管理的研讨课和研究的方法论课程等都应该作为高等教育管理专业学生的教学重点。因为，管理的基本理论与学校管理的相关理论是学校管理人员应具备的最基础的知识，了解课程与教学又是学校管理人员必须具备的辅助性知识，具备相关的教育法律知识是科学合法地进行学校管理工作的前提，研讨课与研究方法论课程用来促进学生之间的交流和研究能力的提高，尤其是方法论内容是学校管理人员应掌握的工具性知识。

另外，在培养学校管理人员时还应该开设适量的学校管理方面的实习课程，增加学生在教育管理方面的实践经验，把学到的各种相关理论知识与方法技巧运用到实际中去。实习过程中由已经取得相关管理资格证书的管理人员做指导，实习过程中还可以要求实习人员开设讨论课，帮助学生解决问题、交流经验。这样培养出来的高校管理者一方面专业知识扎实，一方面又具备操作的实际经验，能够很快进入工作状态，从而很好地完成工作任务。

二、实行职业资格准入制，严把招聘关口

资格证书制度起源于工业革命以后，是各个行会推行的行业技术资格证书和技术职称制度。资格证书就是有法律效力的证明文件，与身份证、工作证、毕业证等一样能有效地证明一个人某方面的特征。从社会学的角度来看，社会活动中的每个个体都具有确定的身份。社会通过资格管理使个人在职业活动中奉公守法并遵循职业规范，这样才能保证社会经济技术活动的管理井井有条，社会的发展才能稳定、高速。

职业资格证书制度是在职业的职业化过程中出现的，它要求从业人员经过严格系统的教育和培训，获得能胜任工作的特殊知识和技能，获取职业资格证书，进而获得从业资格。职业资格证书制度现在已经成为很多国家对各行各业从业人员规定的职业准入制度。

实行高校管理者职业资格证书制度是推行全员聘用制的前提。"职业资格证书制度是国家对各行各业从业人员规定的职业准入制度。它是在职业的

专业化过程中出现的，要求从业人员经过严格系统的教育和培训，获得能胜任工作的特殊知识和技能，获取职业资格证书以获得从业资格的一种职业管理制度。"科学设岗、面向社会公开招聘是推行全员聘用制的关键。管理岗位是高校专业化管理者的工作平台。这个平台搭建得是否合理、科学，将直接关系到高校管理队伍专业化建设的成效，科学设岗是推行全员聘用制的关键，是推进高校管理队伍专业化建设的重要步骤。

高校管理者资格证书应该成为聘任或应聘高校管理者必不可少的合法依据。什么人可以当高校管理者，可以在哪一级岗位工作，在管理人员资格证书中都应该有明确的规定。高校管理者持有哪一类、哪一级证书，需要什么样的训练，需要什么程度的学历，必修哪些课程，各类课程需要多少学分，也应该有明确的规定。目前对于教师资格证书的研究比较多，结合这些研究，根据高校管理者现状，在此主要探讨实行高校管理者职业资格证书的几点具体想法和建议。

第一，必须尽快建立高校管理者职业资格认证制度和认证机构。建立高校管理者职业资格认证制度和认证机构，成立全国高校管理者教育资格与审查委员会，并对参与高校管理者教育和培训的高校及机构的师资、设施、课程等方面进行评估。对于那些评估合格的高校和机构，还要进行监督、考核，以保证质量。此外，全国高校管理者教育资格与审查委员会还负责统一为考核合格的高校管理者颁发资格证书，以规范高校管理者市场。

第二，明确高校管理者职业资格证书的等级和类型。高校管理工作的层次不同，管理人员的等级和类型也应该有所不同。高校既有初级管理人员，也有中级管理人员和高级管理人员；既有分管人事的，也有分管学生工作的，还有分管就业的等。针对不同层次、不同类型，管理人员所需要的知识结构也是不同的，因此职业资格证书要分等级和类型。高校管理职业资格证书大致可分为三个等级，即初级管理人员证书、中级管理人员证书和高级管理人员证书。这三个层次的管理人员证书有一些必须具备的条件，在此简单列举三种：

一是初级管理人员证书：①获得教育学或管理学硕士及以上学位，或者是获得非教育学或管理学硕士及以上学位，但修完了教育管理方面的相关课程，并获得了相应的学分；②参加高校初级管理人员资格考试成绩合格者。

二是中级管理人员证书。①获得教育学或管理学硕士及以上学位，或者是获得非教育学或管理学硕士及以上学位，但修完了有关教育管理的课程，并获得了相应的学分。②已经取得高校初级管理人员资格证书。③在高校管理层工作3年以上。④取得了突出的高校管理研究成果。

三是高级管理人员证书。①获得教育学或管理学硕士及以上学位，或者是获得非教育学或管理学硕士及以上学位，但修完了有关教育管理的课程，并获得了相应的学分。②已取得高校中级管理人员资格证书。③在高校中层管理岗位工作3年以上。④取得了突出的高校管理学术研究成果，得到了同行专家的高度评价。⑤参加高校高级管理人员资格考试且成绩合格者。

以上是针对工作岗位的层次来划分的三类证书，除去层次以外，不同部门对于专业知识的要求又是不同的，因此高校管理者上岗还必须学习相应部门的知识，比如人事部门还应该学习人事管理方面的知识，学工部门还要学习学生工作方面的知识，并通过相应的考核。所以，要想成为高校人事部门的初级管理人员，必须具有初级管理人员证书和人事管理考核方面的合格证书。还需要强调的是，这些证书也不是终身的，持证人必须每隔几年就要再次参加高校管理方面的培训，更换职业资格证书，这同时也是为高校管理者获得更高一级管理职位进行激励和鞭策。

第三，关于高校管理资格证书的获取。我们要确保高校管理职业资格证书制度的开放性。这里所说的开放包括两方面的含义：一是获取人员的开放性，任何学科毕业的毕业生都可以参加高校管理职业资格证书考试，只要修完所规定的课程并获得了相应的学分，就可平等获得高校管理职业资格证书；二是学习方式的开放性，可以通过参加培训机构来学习，可以自学，也可以通过网上课程学习，不论通过何种方式学习，只要最终通过资格考试就可以拿到证书。要保证所有最终获取证书者都经过严格的专业训练，以确保证书的含金量。现在很多职业资格考试流于形式，只要肯记、肯背就可以通过考试，这是不可取的。高校管理工作不是纸上谈兵，是要处理具体的管理问题，是很灵活、很复杂的，是考验人综合能力的一种工作。所以对于考核的形式和内容要慎重，要确保最后获取证书的人是真正适合高校管理工作的人。

三、做好培训工作，创建学习型管理队伍

加强高校人力资源的培训与开发工作，对于推进我国高校管理者的专业化建设具有极其重要的意义，也是推进高校管理者专业化建设的一系列工作中非常重要的一项。因此必须引起足够的重视，必须当作一项长远的工作来抓，构建高校管理者培训体系。这主要涉及两个方面：一是培训哪些内容，即高校管理者合理的知识结构应该是怎样的；二是应该如何开展培训工作。下面分别进行探讨。

(一) 培训内容

一个专业之所以被称为"专业"，就在于它区别于普通职业的非同寻常的深奥知识和复杂技能，换句话说，每一个专业都有自己学科的知识体系。"高校管理要成为专业，就要有明确的知识基础，而且这些知识要对高校管理具有实际的指导意义。"因此，针对高校管理者的培训内容，也就是高校管理者专业化所需要的知识，应该能为高校管理队伍的专业活动提供有效指导的知识。

高校管理者的培训内容必须囊括"关于'高校管理'专业"的知识和"为'高校管理'专业"的知识。当然，仅仅有书面上的理论知识还不够，因为理论和工作实践毕竟还有一段距离，还必须强调理论知识和实践知识的统一，只有让理论知识对具体管理工作有实践指导意义，这样的知识结构才是完整的。[①] 结合高等教育发达国家对于高校管理者的培训方案，在培训的内容中还应该涉及具体管理工作的案例分析，高等教育发达国家和地区的经验表明这种学习更加直接而且有效，对工作具有实际指导意义。

(二) 培训模式

在我们国家，高校高层管理人员培训主要由政府组织，教育部直属的国家教育行政学院作为专门机构承担此类培训任务。国家教育行政学院举办的高校领导干部研修班、教育部直属高校中青年校级干部专题研修班和高校

---

① 童作秀 . 新常态下高校管理人员继续教育转型研究 [J]. 教学方法创新与实践，2020(7)：55.

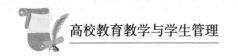

中青年干部培训班等培训项目，是我国主要的大学校长和高层管理人员培训项目。但是在专业团体方面比较缺乏，高等学校提供的大多也是学历教育，对于大多数高校在职管理人员培训的任务落在学校自己身上。但是目前对于管理人员的培训在我国高校还不够重视，在培训内容和培训模式方面还有待改进。

对于高校管理者的培训来说，培训方式应该是灵活多样的，可以参加短期的硕士课程、博士课程的学习和培训，也可以脱离岗位半年甚至是一年的时间参加其他高等学校的以获取高等教育管理证书或文凭为目的的培训。对于大多数的管理人员来说，为了方便工作，应该是以短期培训为主。

从培训内容方面，既要培训相关理论知识，又要针对具体对象和特定问题进行培训，比如有对财务管理、信息化管理、学生事务管理等方面的专门培训；培训模式也应该多样化，增强理论与实践相结合，既开拓受训者的知识视野，又突出培养他们解决实际问题的能力，注重理论知识和实践技能的共同提高，以达到更好的培训效果。培训中应注意的事项如下：

第一，岗前培训和岗中培训同等重要。现在很多高校在新引进人员时都会开展岗前培训，岗前培训的内容主要分为：学校和各部门概况及开展高校管理工作所需的专业知识。事实上，岗前培训只是培训了一些基础性知识，在实际的管理工作中我们遇到的问题更多，培训也显得更加重要。所以，要把岗中培训提到非常重要的位置，安排专门的部门具体组织负责，健全高校管理者培训体系，做好人力资源管理工作。

第二，不同层次、不同部门的管理人员在培训内容和培训模式方面要有同有异。高级管理人员的管理知识要多于初、中级管理人员，财务部门和学工部门需要的管理知识也是不尽相同。因此在培训内容和培训模式等方面也要有针对性，要有同有异，不能把所有管理人员都放在一起，采取同样的形式，培训相同的内容。对于高校管理者的培训来说，培训模式也应该是灵活多样的，对于大多数的管理人员来说，为了方便工作，应该是采取不定期的短期培训为主。

第三，鼓励自学，增强自我学习意识。管理人员要想真正掌握好管理知识，提升自己的管理能力，还必须注重自学，增强自我学习意识。一方面，高校管理者应该通过学校等组织的培训集中一段时间来增强管理知识，另一方面自己也要学会充电，平时注重累积知识，多学习相关专业知识，形成良好的学习氛围，并将理论付诸实践，管理人员的实际工作能力才可能有较大的提升。

第四，鼓励管理人员攻读更高层次学位，提高素质和能力。学校为了集体和个人的长远发展应该鼓励一部分学历层次低、工作效率低的管理人员攻读更高层次学位。对于去攻读更高层次学位的管理人员应该也有一些明确的规定，一是所学专业最好为高校管理专业或相近专业，二是尽量减少在职攻读的人数，鼓励脱产学习，解决部分学费，促使其安心学习，回到学校更好地完成工作任务。

四、减少"双肩挑"人员，弱化"双肩挑"现象

目前解决"双肩挑"问题的关键在于，尽量减少"双肩挑"人员，逐步弱化"双肩挑"现象。高校管理队伍的主体力量、主干性人物必须是科班出身的专业化管理人员，"双肩挑"人员只能是对管理队伍的一种补充和递进，绝不能成为一种普遍现象，继续扩大。

高校在处理"双肩挑"现象存在应遵守两个原则：第一，把握好"专业化"和"双肩挑"之间的"度"。专业化和"双肩挑"现象并不是完全对立的，有一些学术业务性强的管理职能部门，如教务处、科研处、研究生处等，有必要吸收一定的学术骨干参与行政，这本身有利于学术管理。对于"双肩挑"要把握好"度"，"双肩挑"现象的存在只能"适度"，高校管理者绝大多数必须是专职的，只允许少数"双肩挑"人员的存在。第二，协调好专业管理人员和"双肩挑"人员之间的关系。既然有两种性质的管理人员存在，难免会产生一些矛盾、分歧，因此如何恰当处理好这两种人员之间的关系也就显得非常重要，必须协调好。

在处理"双肩挑"问题时，具体的操作办法也很重要，必须慎重。尤其需要注意以下几个方面：

第一，确定允许"双肩挑"的部门和职位。一般而言，允许"双肩挑"现象存在的部门必须是对学术方面的业务要求比较高的管理部门，"双肩挑"人员只能是主要负责人即部门的最高层次的领导，主要涉及院系的院长系主任，教务处处长、科研处处长、研究生院院长等。各高校应该根据学校具

体实际，严格确定允许"双肩挑"的部门和职位，并以文件的形式作以规定，遵照执行。

第二，"双肩挑"人员的选拔。确定了允许"双肩挑"的部门和职位之后，人员的选拔也很重要。一是他必须在专业和学术方面是这个领域的领军人物，其学术和业务水平得到同行专家的认可；二是他必须有一定的管理能力，也有从事管理工作的志趣和意向，精力充沛。

第三，制定严格的规章制度，规范"双肩挑"人员的行为，防止滥用职权。对于"双肩挑"这类特殊人员学校要制定严格的规章制度规范他们的行为，因为"双肩挑"人员占据的大多是学校的重要职位，有相当大的职权和部分决策权，在制定一些规章制度时往往会牵涉到自身的利益，必须有其他的相关规章制度来约束他们，规范他们的职业行为。

第四，对"双肩挑"人员的工资待遇如何确定要有明确的规定。"双肩挑"人员的工资待遇要遵循"岗位与待遇一致性"的原则，建议院系的专任教师担任教学科研管理职务，以教学研究为主的，聘任相应专业技术职务，教学、科研、研究生等业务性强的部门主要负责人聘任相应专业技术职务，同时聘任职员，按职员管理。

五、完善考核激励机制，提高工作积极性

（一）考核和评估制度是促进大学管理人员专业发展的重要制度

哈罗德·孔茨和海因茨·韦里克认为，"差不多在所有的场合，不论是工作或消遣，都存在着某种形式的对表现的评价。而且，大多数人尤其是那些有能力的人，都想了解自己干得如何。"考核具有激励功能，通过考核，可以激励先进，鞭策后进，形成大学管理人员的竞争氛围和竞争意识，有利于提升管理人员的各项素质包括专业素质，从而提高大学管理、服务工作的效率和质量。考核是以管理人员的工作目标和工作职责为依据，对其工作绩效进行评定。考核和监督有助于管理人员明确自己的优点和不足，及时调整自己的专业理念及专业行为，明确专业发展目标，以不断提升自己的专业水准，促进自身专业发展，最终为学校发展服务。

我国高等学校对管理人员的考核、激励体制目前尚不健全。考核是激

励的基础，合理的考核体系是使激励充分发挥作用的基础。要制定明确的考核标准，建立科学的考核指标体系。根据高校管理岗位的特点及职位要求，制定不同的考核指标体系，明确各管理人员的责、权、利。明确各个岗位职责，细化分类标准、考核有所侧重，改变用同一种考核标准来考核不同类型、不同层次的管理人员，实现考核工作的专业化。成立一个包括更多人参与的考核评议委员会，吸收更多的与被考核人员有关的专家参与，主管负责人员参加，真正做到上级主管考核与群众考核相结合、自我考核和别人考核相结合。

(二) 完善高校管理者职级与职务制度

我国高校主要有三类人员，一是教学科研人员，二是管理人员，三是工勤人员。这三类人员中教师实行的是专业技术职务评聘制，工人实行的是技术等级考试制，唯独管理人员没有全国统一的独立的职务等级序列，很多时候都是学校根据自身情况在划分，而且经常是几年就更换一次评聘标准。很多时候管理人员虽然身处管理岗位，却只能评聘教师系列的专业技术职务，引发了教师队伍与管理队伍的矛盾。职级是岗位职责与本人能力、素质挂钩的标志，它是由具备职级资格的人员应聘上岗而随之取得的，一般为逐级晋升。而职务则由组织任命产生，主要体现职责，是责、权、利的统一，一般不受年龄因素的影响。

从理论上讲，一个职级很高的管理人员可能不担任任何领导职务，相反，职务较高的领导也可能其职级较低。因此，高校在管理人员职级与职务制度设置的过程中可以采用职级与职务脱钩的原则，改变过去两者混合在一起的做法。

对于职级，高校可以按照相关制度标准，采取横向晋升原则，即随着任职资历的增长只要符合规定条件，年度考核合格，就可以横向进档，顺利向上晋级，当然涉及初级职员晋级为中级职员、中级职员晋级为高级职员时还必须通过考核拿到更高级的管理人员证书。但是职级的晋升并不代表职务也同时晋升，职级晋升更多地考虑年龄因素，而职务晋升则更多地考虑业绩因素。这样，对于高校管理者而言高校就设置出了职级晋升和职务晋升这两条途径的晋升阶梯。

改善职级与职务同时晋升的原则，一方面，为高校管理者的晋升创造了两条途径，突破了高校管理者职位的限制，为更多的没有领导职务的管理人员创造了提高和发展的机会；另一方面，职务晋升不受年龄和工作年限限制，也可以促使高校优秀青年管理人员不受资历束缚、脱颖而出并走上领导岗位。更为主要的是，这种制度可以使高校管理者彻底摆脱旧观念的束缚，逐步淡化职务身份。合理的职级与职务制度将有助于树立高校人事管理新理念，提高高校管理者工作积极性，进而为高校发展造就一批熟悉高校管理规律的专业化、职业的管理者，从而提高高校管理者的整体服务水平。

第三章　高校领导队伍建设的理论方法

第一节　高校领导队伍建设的原则

一、党管干部原则

(一) 党管干部原则的时代内涵

党管干部的原则，是巩固党的执政地位的一个重要保证，是党和国家干部管理制度的根本原则。党管干部并不是一个静态的概念，是"与时俱进"、适应时代发展要求的。在发展社会主义市场经济的条件下，党管干部原则被赋予了新的内涵。

党管干部，主要是指各级党委坚持贯彻执行党的干部路线、方针和政策，严格按照党的原则选拔任用干部，并对各级、各类干部进行有效管理和监督。具体包括以下内容：一是党要加强对干部工作的领导，制定干部工作的方针、政策；二是推荐和管理好干部；三是指导干部人事制度的改革；四是做好对干部人事工作的宏观管理和检查监督。党管干部原则的实质，就是要保证党对干部人事工作的领导权和管理权。

(二) 党管干部原则是加强高校领导队伍建设的关键

建设一个好的高校领导队伍，关键在于坚持党管干部的原则。只有坚持党管干部的原则，才能把德才兼备的优秀人才选拔到高校的领导岗位上来，为高校的发展提供强有力的组织保证。因此必须坚持党管干部原则，加强高校领导队伍建设，保证党委及组织部门对干部人事工作的领导权和管理权。

第一，把好用人关是坚持党管干部的重点。在选拔任用干部问题上必须经党委集体讨论，按照民主集中制的原则做出决定，突出做到以下几点：

一是按政策要求选拔重用干部，广泛征求意见，使高校党委做出的用人计划、决策更符合高校发展的要求。二是准确掌握条件，严格选拔程序。高校党委在提拔重用领导干部时，严格实行民主推荐、组织考察、酝酿、讨论决定、审批任命等程序，做到公开、竞争、择优。三是加强监督检查，严格遵守干部选拔任用工作纪律。

第二，对高校干部的培养教育是坚持党管干部的经常性工作。高校选好用人后，要联系实际有针对性地对他们进行经常性的培养教育，采取措施把干部个人努力与组织培养结合起来，从而不断提高他们的思想政治素质和业务能力。干部个人要增强自觉性和主动性；组织上要通过培训、轮岗、出国考察和实践锻炼等多种途径，为提高干部素质和能力创造条件。

第三，加强高校干部的管理监督工作，是坚持党管干部的重要措施。加强高校干部的管理监督是对高校干部的关心、爱护，使他们更好地发挥特长和作用。在选好高校干部的基础上，一要充分发挥他们的聪明才智、能力和作用；二是要建立健全各项管理措施、规章制度；三要建立和完善考核办法，强化高校干部的管理监督途径。

二、任人唯贤、德才兼备原则

(一)任人唯贤、德才兼备原则的科学内涵

我党历来倡导并始终坚持任人唯贤的干部路线。任人唯贤是一种导向，"它确立了一个标准，体现了一种政策，树立了一种作风，展示了一种形象。"[①] 把人选好了，才能有力推动党自身的建设，带动各方面的工作。任人唯贤就是把德才兼备的人才选拔到干部队伍中来，德才兼备是贤的具体化。德，包括一个干部的世界观、人生观、政治信念、政治觉悟、道德品质和思想修养。不同时代不同阶级赋予德不同的内容，即使是同一个阶级，在不同时期的内容也有区别。才，是指干部的才干，工作能力。干部德才标准在每个历史时期都有其特定的时代内容。在新的历史条件下，我们倡导的"德才"是指：懂得马克思列宁主义，具有政治远见，忠于党和人民的事业，立志为人民造福，为发展社会生产力，为社会主义事业做贡献；能做到大公无

① 张再兴．高校辅导员队伍建设理论与实践 [M]．北京：人民出版社，2010：18-19．

私，善于密切联系群众，有独立解决问题的工作能力；既有现代化的经济、科技知识，又有改革精神，勇于创新，与时俱进，能开创新局面的各种干部人才。

(二) 任人唯贤、德才兼备原则是高校领导队伍建设的基本准绳

第一，准确把握和处理好"德"与"才"的关系。德为才之帅，离开了"德"，"才"会失去灵魂，失去方向，选拔任用干部必须把握以德为先的原则。才为德之资，离开"才"，"德"也失去了保证和支撑。

当今社会需强化新的德才观念。坚持在贯彻党的基本路线，具有坚强的政治信念，始终保持清醒头脑，经受各种复杂考验中立"德"；坚持在解放思想、实事求是、务实创新中成"才"；坚持在顾大局、讲党性、公道正派、团结同志中树"德"；坚持在勤政廉政、艰苦奋斗、深入实际、调查研究、扎扎实实工作中炼"才"。在实践中，把握新时期德才标准，真正做到用正确的标准选人用人，防止两种错误倾向，重德而轻才或片面强调才而忽视德都是有害无益的。

第二，坚持在工作实践中检验"德"和"才"。选拔任用及评价干部，就是准确地检验干部"德、能、勤、绩"的过程。居于首要地位的"德"，不同于内容较为具体的能、勤、绩，不易量化，它贯穿于勤、绩之中，隐含在思想意识之内，是抽象的考核内容，这就要求我们在考察干部"德"的过程中，必须改变视角，由表及里用"变焦"的方法，在实践中检验"德"，从贯彻执行党的基本路线的实践中检验，从严于律己、勤政廉政、在权力与私欲的考验中检验。同样的道理，对"才"的检验也应从他为人民做出的实绩中去检验，而不能被一个人的夸夸其谈所迷惑。

第三，必须做到"亲贤臣，远小人"。坚持原则，抵制任人唯亲，打破论资排辈、求全责备的旧观念，杜绝以貌取人、以学历取人、以个人喜好和恩怨用人，坚决打击党同伐异、"宁用奴才，不用人才"等歪风邪气，使真正的人才能脱颖而出，有用武之地。另外，一方面坚持"用人不疑，疑人不用"，另一方面要敢于选用与自己观点相悖的人。这种人往往善于调查研究，独立思考，敢于把个人的得失置之度外，这样才能保证领导班子的创造力。

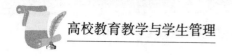

三、群众公认、注重实绩原则

(一) 基本内容

群众公认、注重实绩原则，是党的群众路线和马克思主义认识论在干部工作中的体现和运用，是选拔、考核、评价干部的重要原则。

群众公认，就是被大多数群众认可和拥护。具体来说就是要在干部工作中充分相信和依靠群众，扩大干部工作中的民主，落实群众对干部选拔任用的知情权、参与权、选择权和监督权。"公认"的内容，既包括大多数群众对干部德才素质、思想作风、工作政绩肯定的方面，也包括对干部德才素质、思想作风、工作政绩否定的方面。正确评价和考察干部，必须从群众对干部肯定和否定两方面的内容中科学地加以综合。选拔干部工作中的群众"公认"，既不是形式上的人人认同，更不是实际工作中个人或少数人意志的专断，而是大多数人的拥护或反对。

注重实绩，就是要选拔任用那些在贯彻执行党的基本路线、方针、政策中做出了较大贡献并被社会、人民所承认和拥戴的干部。所谓实绩，是一个人的思想和行为见之于客观实际的成果。一般来说，实绩是干部的思想道德、政策水平、办事能力以及努力程度等综合因素的体现，是干部内在的素质转化为实际效用的检验尺度。考察干部的实绩，要实事求是地做具体分析，不可简单地以成绩察人识人。

"群众公认"和"注重实绩"是选拔干部工作的两条重要原则，两者并重，不可偏废，没有被群众公认的实绩不是真正的实绩，而脱离了实绩的群众公认则是虚假的公认。这样才能不至于让虚假"公认"的干部得到提拔重用，而埋没打击了"有为"的干部。

(二) 基本要求

坚持群众公认、注重实绩的干部原则，加强高校领导队伍建设，就必须把群众公认、注重实绩原则贯彻执行到选拔任用干部工作全过程的各个环节中。

第一，科学地考察干部，提高识人的准确度，选拔政治靠得住、工作有本事、作风过硬的领导干部。一要建立科学的干部考核体系。高校可根据具体情况，从多方面多角度确定对高校干部实施考核。在考核干部时，高校应根据不同领导职务、不同工作环境、不同工作基础和起点看实绩，防止简单化和形式主义；既看近期效益，又看长远效益；既看局部效益，又看整体效益；既看显绩，又看潜绩；既看在常规工作中的表现，又看在重要时期、重要工作、重要事件中的决断魄力和应对能力，做到全面客观公正地评价干部。二要不断完善干部实绩考核办法。在认真坚持年度考核的基础上，积极探索实施动态考核、差额考核，及时全面真实地掌握干部的工作情况。同时，严格实行差额选任制，在干部中形成比干劲、比实绩的良好风气。三要根据实绩及时提拔调整干部。根据考核掌握的情况，结合民主推荐和民意测验结果，实行能者上、庸者下、平者让，从而充分调动广大干部的工作积极性。

第二，完善群众公认的选人用人方法，促进干部选拔任用工作的民主化、制度化。其一是推荐民主。拓宽选人用人的视野，解决由少数人在少数人中推荐提名的问题。民主推荐测评时，充分采用不同方式、从不同角度来扩大基层群众的参与程度；要注意被推荐人员的广泛性、层次性和代表性。其二是考察民主。考察前，要公布拟考察人选、考察时间和考察组所在地点，方便群众反映情况。考察中，既要切实深入群众，又应安排专门的时间，运用适当的方式，让群众发表意见、反映情况。考察后，形成的考察材料应及时向群众反馈，进一步听取群众的意见，为最终的决策提供可靠的民主评价依据。其三是决策民主。讨论决定干部任用事项时，实行民主集中制原则，在保证党委成员充分了解干部各方面真实情况的基础上，采用科学方式进行表决，提高"集体决定"水平，确保用人质量。党委集体讨论研究确定拟提拔干部，要通过一定方式，在一定范围和期限内进行公示，广泛听取群众的意见，认真接受群众监督，增加选拔任用干部的透明度。

四、公开、平等、竞争、择优原则

(一) 公开、平等、竞争、择优原则的丰富内涵

公开、平等、竞争、择优原则是社会主义市场经济条件下对干部队伍

建设提出的必然要求，也是促使各方面优秀人才脱颖而出、形成人才辈出良好局面的重要前提。它有利于全方位、多角度、多途径地考察选拔干部，最大限度地减少用人选人上的失误。

公开、平等、竞争、择优原则是一个完整的统一体，公开是前提，平等是基础，竞争是手段，择优是目的。公开是指让大家知道。在选拔干部的过程中，公开选拔目的，公开选拔条件，公开选拔程序，公开选拔结果，接受监督，使之起到开阔视野、拓宽渠道、提高人民群众参与程度、充分发扬民主的作用。平等是指人们在社会、政治、经济、法律等方面享有相等的待遇。在选拔干部的过程中，平等指选拔对象平等、选拔标准平等、选拔机会平等、选拔环境平等、被选中的可能性平等。平等是避免不正当竞争的法宝，是竞争机制正常发挥功能的保证。竞争是指相互争胜。将竞争机制引入干部选拔工作中，能激发人才的创造性、积极性和主动性，达到鼓励先进、鞭策落后的目的。择优是指挑选最好的。择优可起到好中选优、优化结果的作用。在干部选拔中，择优就是在竞争的各个环节中准确评价和筛选出相对优秀者，实现优胜劣汰，干部能上能下。

（二）公开、平等、竞争、择优原则推动改革创新

高校人才济济，有良好的人文环境，用好公开、平等、竞争、择优原则，对优化干部队伍结构、提高干部队伍素质具有很大的促进作用。高校应坚持这一原则，不断推动领导班子建设的改革创新。

一是改变用人上的陈旧观念，促进用人观念的更新。任何改革，首先是思想观念的变革。公开选拔要鼓励自我表现，倡导公开竞争，冲击用人上的保守观念，打破"才"不外露、静候"伯乐"的保守心态，激发高校知识分子参政议政的积极性。同时，公开选拔除了必要的基本资格条件限制，要敢于打破论资排辈、平衡照顾和求全责备的传统观念和做法，树立科学的人才观和选人用人观，变"伯乐相马"为"赛场选马"，做到任人唯贤，人岗相适；在公开平等中拓宽选人视野，在竞争择优中实现优胜劣汰。

二是树立良好的用人导向，创造有利于优秀人才脱颖而出的良好氛围。这关键在党委。党委在选人用人上必须坚持解放思想、与时俱进，按照扩大民主、加强监督的要求，继续推进干部人事制度改革，公开选拔敞开进贤之

路，引入竞争机制，实行"阳光操作"，注重人才的自选性，让人才所在部门推荐、发动群众民主推荐、鼓励人才自我推荐，努力为优秀人才脱颖而出开辟绿色通道，为各类人才施展才华提供广阔舞台。特别要扩大高校副职领导职务公开选拔的范围，坚持从高学历、高职称并且具有较高教育管理素养的群体中选拔干部。

三是进一步疏通干部能上能下渠道，改善领导班子结构。长期以来干部能"上"容易，能"下"很难。"下"的渠道不通畅，一直是干部工作的瓶颈。干部人事制度的缺陷尽管表现形式不同，但根本的问题是缺乏优胜劣汰、能上能下的竞争机制。这些必然造成机构臃肿，层次多、副职多、闲职多，而机构臃肿又必然促成官僚主义的发展。因此，必须从根本上改变这些制度。

五、民主集中制原则

(一) 民主集中制的内涵

民主集中制，是我们党和国家的根本组织制度和领导制度，也是实现干部工作科学化、民主化、制度化的根本保证。民主和集中不是绝对对立的两面，民主集中制也不是民主制和集中制的简单相加。民主集中制是民主基础上的集中和集中指导下的民主相结合的制度，是在高度民主的基础上实行的高度集中。

民主和集中的辩证关系，具体表现在：一方面，集中是民主基础上的集中。民主集中制的民主，就是党员和党组织的意愿、主张的充分表达和积极性、创造性的充分发挥。只有充分发扬民主，集思广益，让各种意见都发表出来，各种方案都提出来，才能从中进行比较、鉴别，集中正确的意见，制定出正确的路线、方针、政策；也只有在充分发扬民主的基础上，才能做到统一认识，统一行动，真正实现集中。相反，集中如果离开了民主，就失去了广泛的群众基础，就会导致集权主义和专制主义。另一方面，民主是集中指导下的民主。民主集中制的集中，就是全党意志、智慧的凝聚和行动的一致。集中就是要集中正确的意见。没有集中，就不可能有真正的民主。民主只有在集中指导下，才有正确的方向，党组织和党员的积极性、主动性、创造性才能得到更好的发挥，从而有利于加强党的集中统一领导。如果民主离开了集中的指导，就会走到无政府主义、分散主义的路，就会变成一种不解决任何实际问题的空谈。民主和集中，是一个统一体的两个不可分割的侧面，它们既是矛盾的，又是统一的。民主集中制是要使民主和集中二者辩证地统一。

（二）坚持民主集中制原则才能发挥整体效能

高校贯彻执行民主集中制是正确实行党委领导下的校长负责制，保证党对高校科学、合理、有效的领导，是高校领导队伍实现科学决策、民主管理，发挥整体效能的根本途径。

第一，要坚持民主集中制原则，就必须坚持集体领导和分工负责相结合。这是领导班子组织建设的重要内容，也是领导班子制度建设的核心。重大问题必须由党委讨论决定，防止个人专断。凡经集体讨论决定的事情，任何人无权擅自变更，如有不同意见，允许保留，但在行动上必须坚决执行，并以集体决定的口径对外表态。在坚持集体领导的同时，要明确分工与责任，大胆放手，充分调动班子成员的积极性、主动性和创造性，做到权责统一，对于自己分管的工作要敢抓敢管，独立负责地处理。每位班子成员既要认真履行自己的职责，又要关心涉及全局的问题，互相协作、互相支持、互相补台，实现分工分家。

第二，要不断建立和完善科学、民主、高效的内部议事规则和决策机制等各项领导制度和工作制度，从制度体系上有效地保证民主集中制的正确执行，提高领导班子的科学决策水平，促进班子整体的团结和统一。党委内部的议事和决策机制不健全，对重大问题界限不清，办事程序混乱，党内生活必然不正常，必然影响内部的团结，削弱领导班子的创造力和凝聚力。因此，应进一步规范党委议事规则，制定党政班子工作规则，明确党政班子科学民主决策的程序，还应结合高校实际完善相关规章制度，将民主集中制原则细化，增强其可操作性，用制度约束高校领导干部，尤其是班子成员的行为，提高班子的效能。

第三，要活跃党内生活，化解内部矛盾，提高领导班子解决自身问题的能力。其中以民主生活会为重点，严格领导班子内部的政治生活。坚持领导班子民主生活会制度，不断提高民主生活会质量，会前要认真组织学习，广泛征求意见，找准存在的问题，做好沟通思想工作，深入进行自我剖析；会上要以大局为重，加强思想交流，认真开展严格的批评和自我批评，有针对性地提出整改措施；会后要联系实际认真整改，整改措施要在一定范围内通报，整改情况在下一次民主生活会上反馈。建立经常性的谈心谈话制度，加强领导班子成员之间的思想交流和沟通，从而形成"心齐、气顺、风正、劲足"的良好局面，促进班子的精诚团结，不断提高班子的战斗力、凝聚力和整体效能的发挥。

六、依法办事原则

(一) 深入理解依法办事原则在高校领导队伍建设中的重要作用

依法办事原则是依法治国方略在高校干部队伍建设中的具体体现，是提高高校领导的领导水平和执政水平的重要内容和有效保证。

坚持依法办事这一原则贯彻到高校领导队伍建设中，就是既要使高校领导工作本身制度化、规范化，又要同国家的有关法律和党内其他法规相衔接，坚持在法律的范围内行动，形成符合法治精神的育人环境，不断提高高校领导的法律素质，提高依法治校的能力。高校领导队伍要严格按照教育法律和学校的规章制度的原则与规定，开展学校管理的各项活动，建立依法决策、民主参与、自我管理的工作机制，逐步实现领导班子建设的科学化、法制化、民主化、规范化，促使高校领导队伍形成自我发展、自我约束的机制。

高校领导队伍建设坚持依法办事原则既是高等教育改革与发展的必然要求，也是实现高等教育为人民服务宗旨的重要保障。随着社会主义民主法制进程的加快和高等教育改革的不断深入，高校管理出现了新的问题，这些问题已经不能单纯依靠行政手段来解决，需要依法推进高等教育改革与发展，依法保障高校、教师和学生的合法权益。因而，高校领导队伍必须依照国家法律和有关章程的规定办事，严格遵循工作程序，把坚持党管干部原则与充分发扬民主、严格依法办事有机结合起来，切实做到坚持原则不动摇，执行标准不走样，履行程序不变通，遵守纪律不放松，将学校管理工作纳入

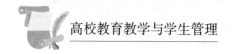

法制管理轨道，实现运用法律手段调整、规范和解决高校管理中出现的新情况和新问题，化解矛盾，维护稳定的目的。

（二）坚持依法办事原则，建立高校领导队伍建设的长效机制

依法办事的首要要求是有法可依，即有完备的法律规章制度。目前，高校领导队伍建设更多地强调领导干部个体的学习修养和思想道德建设，缺乏刚性的制度框架；领导干部中普遍存在对已有的制度缺乏尊崇与敬畏；在管理学校的过程当中，有法不依、执法不严的情况还时有发生。因此，高校应坚持依法办事原则，建立高校领导队伍建设的长效机制，用制度约束班子成员行为，靠制度引导班子成员行为，凭制度规范领导班子成员行为。

一是建立健全组织运行制度。这方面的制度建设能够保证整体领导系统内部的组织结构合理、素质优良、配置得当、协调高效，能够坚决迅速地执行决策机构的指令。着力构建一个职责明确、科学规范、便于协调、齐抓共管，能够迅速准确地掌握、反映各方情况，及时处理各种问题的工作系统和运行机制，能使领导行为纳入制度化、规范化和科学化轨道。

二是建立健全评价监督制度。这方面的制度建设能够监督执行效果与客观实际的差距，预防和纠正违规行为。具体说来，监督机制应是领导班子的各个方面的活动都处于制度规定的范围之内，得到有效的监控的状态。通过监督制度的确立，使各种组织监督、成员监督、社会监督构成一个完整有效的制约关系。只有把领导班子及其成员置于评价监督体系的制约之中，才能使整个领导班子处于高效、优化的状态。

三是建立健全议事决策、组织运行、评价监督的保障制度。这方面的制度建设覆盖面更宽泛一些，它能够使党委领导下的校长负责制和民主集中制原则更加具体和深化，使高校领导队伍的组织建设、思想建设、作风建设和廉政建设更加深入和全面。具体来讲，应当包括领导班子的选拔制度、任期制度、民主生活制度、分工负责制度、理论学习制度、评议制度、校务公开制度，等等。这些制度在前三类制度中都会涉及，但是以单独的、具体化的形式加以制定也是必需的。

高校领导队伍建设应遵循以上六条原则，坚持原则重要的是要在实践中贯彻原则，不折不扣地按原则办事。要从讲政治、讲党性的高度，准确理

解和始终遵循这些原则，在任何时候、任何情况下都毫不动摇，把高校领导队伍建设成为坚持党的领导，全心全意为师生员工服务，具有领导高校健康发展的能力，结构合理，团结协作的领导班子。

第二节　高校领导队伍建设的特点

一、高校领导队伍的体制建设特点

(一) 突出党委领导是核心，明确党委和行政的关系

党委在高校的领导核心作用，是通过党委的"统一领导"来实现的，即党委"把方向，抓大事"，总揽全局，对学校负有领导和决策责任。校长作为学校的法定代表人，在党委统一领导下全面负责学校各项行政工作。党委领导与校长负责之间的关系是领导与被领导的关系，党委处于学校的政治核心和领导地位，校长及其他领导处于被领导的地位，并在党委领导下行其职、负其责。党委和行政的这一关系是确立党对高校领导的组织基础和制度保证，既不能动摇，更不能颠倒。正确处理党委领导与校长负责之间的关系，就要始终坚持党委统一领导学校工作，支持校长按照《教育法》《教师法》《高等教育法》等法规积极主动和独立负责地行使职权，发挥校长在行政工作中的指挥作用，以保证教学、科研、行政管理等各项任务的完成。校长和其他行政领导要自觉接受党委的领导，认真贯彻执行党委的决定，在党委集体领导下，依法行使职权，组织实施党委集体讨论决定的涉及行政工作的事项。

高校党委的"统一领导"是通过政治领导、思想领导和组织领导来实现的。政治领导，就是正确的路线、方针、政策和政治方向的领导，牢牢把握社会主义办学方向。思想领导就是对学校思想政治工作和意识形态的领导，始终坚持马克思主义在高校的指导地位，高举中国特色社会主义伟大旗帜，用马克思主义中国化的最新成果武装党员干部、教育广大师生，引导广大师生员工坚定不移地走中国特色社会主义道路。组织领导即落实党要管党、党管干部、党管人才的方针，切实加强高校党的建设和干部队伍、人才队伍建

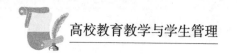

设，发挥党组织和党员的战斗堡垒、先锋模范带头作用，协调各个方面力量保证以人才培养为中心的各项任务的完成。

高校党委的"统一领导"还表现为集体领导。党委领导本质上要求党委集体对上级组织和对同级党的代表大会负责、对全校广大师生员工负责。高校党委要严格遵循集体领导原则，按照党章规定的"集体领导，民主集中，个别酝酿，会议决定"原则，科学设计集体领导与决策程序，建立健全民主科学有效的管理机制，形成党委统一领导、党政分工合作、各方协调配合的工作运行机制。

（二）强调校长负责是关键，体现集体领导和个人分工负责相结合

党委领导下的校长负责制突出了校长的职权，体现了集体领导和个人分工负责相结合的领导体制。校长作为学校的法人代表，是学校全部日常工作的主要承担者，是落实党委领导的关键，对外代表学校，对内全面负责学校的行政工作。高校有大量的行政管理工作，既涉及一些重要规章制度的建设，又涉及人力、财力、物力的日常运作工作，任务繁杂而又成体系。在党委不能具体处理行政事务的情况下，没有一个职权明确和有权威的行政指挥系统是绝对不行的。因此，能否建立起高效有力的符合高校管理特点的行政指挥系统和校长负责体制，就成为能否有效实现高校领导体制的关键所在。"校长负责"就是校长要贯彻落实党委的领导，执行党委的决议，把党委的决议转化为具体的行政行为，其核心是对学校党委负责。只有校长对学校党委负责才能维护党委的领导核心地位，落实党对高等学校的领导，贯彻党和国家的教育方针。在工作中，校长既要尊重、自觉维护党委的领导，又要积极主动地参与党委的集体决策，贯彻落实党委的决策，并在自己的职权范围内创造性地开展工作，把集体领导和个人全面结合，防止产生责任不明或者无人负责的弊端。

（三）加强学术领导和民主管理，建立领导与专家、群众相结合的决策机制

高校作为学术活动的重要场所，其领导体制的架构不仅要实行党委的统一领导和校长的行政负责，而且应高度重视学术民主并加强对学术工作的

领导，加强以广大教师为主体的学术领导和民主管理体系建设，使党委领导和行政管理拥有更扎实更广泛的基础，形成党委统一领导、校长行政负责、教授民主治学、教职工民主管理的管理体制和工作机制。

坚持教授治教。大学的中心工作是教学，教师是学校的主体，教授是教师群体中最重要的学术群体，是学校人力资源管理中的优质资源。从根本上来说，学校的生机和活力、学校的社会地位和社会影响、学校的发展和潜力都取决于教授的学术权威、学术水平和治学水平。因此，学校党委要协调好政治权力、行政权力和学术权力之间的关系，高度重视和充分发挥教授在治教以及参与学校管理中的作用，在事关学校教学、科研等重大事项的决策中要有教授的广泛参与，使决策更加科学。

坚持教职工民主参与。广大教职工是学校办学的关键和依靠，居主人翁地位。同时，教职工民主管理和民主监督，也体现民主集中制的原则。实行党委领导下的校长负责制，需要高度重视和充分发挥广大教职工在高校的民主管理和监督作用，凡属学校改革、发展中的重大问题及涉及群众切身利益的重要问题，都应广泛听取群众意见，搞好调查研究，组织广大教职工通过教职工代表大会等形式，参与民主管理和监督，维护自身合法权益，形成一种由党内、行政、工会、教代会、民主党派等广泛参与的教职工民主参与保障监督工作体系，推进学校各项事业又好又快地发展。[①]

坚持学术委员会治学。学术委员会是高校审议学术方面的最高组织，由学术水平较高的教师、科研人员组成。其主要任务是对教学、科研中的重大问题提出建议和意见，参与教学、科研中重大问题的审议和决策。高等学校必须充分尊重专家学者和学术组织在学术事务决策中的作用，通过专家、教授治学，开展教学、科研活动，保证教育教学质量，为社会培养高素质人才。

二、高校领导队伍素质建设的特点

(一) 政治素质建设特点

政治素质是高校领导队伍素质建设的第一要素。政治素质指人作为一

[①] 江秀东. 加强高校中层干部队伍建设的实践与思考 [J]. 国内高等教育教学研究动态, 2010(8): 66-69.

个政治角色对政治特别是对自己所承担的政治义务和所享受的政治权利的理解、把握、反应和见诸行动等情况的总和，是高度政治化的结果。我国高等教育的政治属性，培养社会主义合格建设者和可靠接班人的根本任务，必然要求高校领导队伍具有较高的政治素质，这种较高的政治素质主要表现在以下几个方面：

第一，正确的政治方向和政治立场。对高校领导者来说，坚持正确的政治方向和政治立场是最起码的要求。政治具有鲜明的阶级性，教育也同样具有阶级性。任何一种社会制度都要以它所要求的意识形态来教育和影响学生。作为一个社会主义国家理所当然地要求教育必须为社会主义服务，为社会主义事业培养具有坚定正确政治方向的合格建设者和可靠接班人。高校根本任务鲜明的政治特征决定了在领导班子"四化"建设中，要始终把坚持正确的政治方向和政治立场放在首要位置。作为高校领导队伍成员，要具有较高的政治理论素质，坚持正确的政治方向和政治立场，在思想政治上同党中央保持一致，坚持党的基本路线和社会主义办学方向，全面贯彻党的教育方针和有关政策。只有这样，才能实现正确的领导，完成党和人民赋予的历史使命。

第二，较强的政治敏锐性和政治鉴别力。所谓政治敏锐性，就是政治上具有见微知著的眼光。要求高校领导者反应灵敏，目光锐利，善于从政治上观察高等教育改革发展形势，分析问题，认识现实，把握未来，保持高度的政治敏锐性。所谓政治鉴别力，就是从政治上识别是非的能力。要求高校领导者在变化莫测的复杂形势面前，具有较高的政治洞察力和鉴别力，善于从本质上看问题，从党和人民的利益出发，从高等教育的根本任务出发，分清哪些必须褒扬，哪些必须摒弃；哪些必须坚持，哪些必须抵制，保持政治上的清醒与坚定。

第三，高度的政治责任感。高校领导队伍成员由于所处职位的重要性和特殊性，其行为会直接地对社会主义高等教育事业，对学校的改革发展产生重要影响。因此，高校领导者必须具有高度的政治责任感，要站在党性立场上观察、分析、处理问题。要注意加强世界观、人生观、价值观的改造，在各种复杂的环境中，自重、自省、自警、自律，严格要求自己。只有有了高度的政治责任感，才能树立廉洁奉公、大公无私、求真务实的思想作风和工作作风，才能自觉地身体力行，才能从学校改革发展的大局出发，维护好发展好学校的根本利益。

第四，自觉贯彻民主集中制。民主集中制是党的根本组织制度和领导制度，是党内政治生活和领导决策民主化、科学化的根本保证。高校领导队伍贯彻执行民主集中制是正确实行党委领导下的校长负责制，实现科学决策和民主管理的根本途径。因此，必须加强民主集中制建设，明确实行民主集中制的方法和程序，不断完善领导班子工作机制，建立健全民主科学的决策机制，自觉提高领导班子贯彻民主集中制的能力。

(二) 知识素质建设特点

知识素质是高校领导队伍素质建设的基础要素。高校作为知识圣地、人才高地，是知识传播和人才培养的主力军。同时，随着高校科技成果产业化步伐明显加快，科研创新能力明显加强，国家科技创新重要方面军的作用日益凸显。作为高层次人才队伍的组织者和指挥者，作为高水平教学科研工作的领军人物，高校领导者必须具有丰富渊博的文化知识、合理的知识结构以及获取新知识的能力。

第一，广博的文化知识修养。文化知识不仅是高校领导者必备的素质要求，而且是领导者提高素质修养的基础条件。高校领导工作的综合性、复杂性、专业性、全局性和超前性，要求班子成员必须具备广博的文化知识，成为知识相对渊博的杂家、通才。不仅要有广博的社会科学知识和自然科学知识，还要有与其职位相适应的专业技术知识和管理科学的知识。丰富的知识对领导者来说是极其重要的，往往是事业成功的资本和基础。具有渊博的知识，可以使领导者在观察问题、分析问题时视野开阔，思维敏捷，有洞察力，能及时抓住问题的实质和关键，吸取历史的经验和教训，采取灵活有效的措施果断处理和解决问题。

第二，合理的知识结构。班子成员应当是通才与专才相结合的复合型人才，因而合理的知识结构就显得尤为重要。领导者合理的知识结构应是以专业技术和管理科学知识为核心的各种知识的合理构成和搭配。具体来说，高校领导者合理的知识结构首先是扎实的马克思主义理论修养；其次是娴熟的管理科学知识，包括管理的一般原理、方法及管理心理学、高等教育管理学等知识，掌握必要的领导方法和艺术；再次是丰富的人文科学知识和自然科学知识。除了在专业技术领域有较高的造诣外，高校领导还应该对政治、法律、历史、地理、哲学、文学以及生物、化学、物理、计算机等方面的知识，有一定的了解和涉猎，这样才能适应高校领导工作的需要；四是高校领导还应当关注现实社会的发展，关注世界科学技术和高等教育的进步，了解当代最新的发明创造，以及新方法、新思维、新理论，储备和应用新知识。

第三，获取新知识的能力。对于高校领导队伍成员来说，具备丰富的文化知识与合理的知识结构固然十分重要，但更为重要的是具有获取新知识的能力。因为受主客观条件的限制，领导者掌握的知识毕竟是有限的，其丰富的程度也是相对的。当今世界是知识"爆炸"的时代，知识的更新非常迅速，社会的发展变化也在加快，领导者不可能一劳永逸地掌握大量的科学文化知识和管理科学知识，因此，获取新的知识和信息的能力就具有特殊的意义。只有具备了获取新知识的能力，并掌握相应的方法和技巧，才能不断更新丰富自己的各种知识，完善知识结构，从而使自己紧跟时代步伐、把握社会脉搏，适应社会发展的需要，创造性地做好领导工作。

(三) 管理能力建设特点

管理能力是高校领导队伍素质建设的核心要素。管理能力是一个人的知识智慧在工作中的综合体现，即完成一定管理活动的本领。高校管理是一种综合性的实践活动，它包含的内容、涉及的领域、实施的方式等都呈现出日益丰富、广泛和复杂的特点，作为高校领导队伍成员没有一定的能力不行，只有一种能力也不行，必须具备多种较强的能力，才能适应工作的需要。高校领导队伍管理能力一般表现在以下几个方面：

第一，预测决断能力。高校所处的内、外部环境是不断变化的，能否做出适应环境变化的正确决策是决定高校领导者事业成败的重要因素，而正确决策的前提就是对事物及其变化趋势的准确预测和把握。因此，班子成员需要具备较强的预测能力，能够在学校改革发展的复杂问题中预测到发展的趋势，判别变革的本质，分清问题的主次，并采取应对措施，有效地解决问题。此外，高校领导者还需具备较强的决断能力。对错综复杂、紧迫突发的问题，能反应敏捷，辨别真伪，排除干扰，不为一时一事的得失所困扰，在可供选择的方案中及时做出抉择，采取果断措施，解决问题。

第二，组织指挥能力。组织，是领导活动的载体，是领导者与被领导者之间建立联系、发生作用的纽带与桥梁。高校组织相对于行政机关、企业和其他事业单位有其特殊性，主要体现在高校组织除了行政单位组织之外，还存在专业学科组织、科研组织和学生组织。因此，班子成员既要面对行政管理人员，还要面对各类教学科研人员和学生。这就需要高校领导者既要会应用行政组织力量，发挥组织管理功能，更要善于把各种不同人才聚集起来，合理安排，形成配合默契、步调一致、团结上进的团队。高校领导者还需要具备指挥能力，指挥是领导者通过组织系统权力，指引和率领被领导者为实现一定目标而进行的活动。对于高校领导者来说，如果缺乏组织指挥能力，即使有优良的政治素质、业务水平和丰富的知识，也是不能发挥领导作用的。

第三，交际协调能力。高校领导不仅要争取上级的支持、指导以及其他单位的协助，还需要师生员工的理解和拥护。这就要求领导者具有通权达变的熟练的人际交往能力，善于与上级、同事和其他人交往，正确处理个人与组织、与同事的关系。一个单位，一个部门，一个组织，在工作中不可避免地会产生这样那样的矛盾和冲突。领导者在工作中也会与上级、同事和其他单位发生一些矛盾，这就要求班子成员首先能容人容事，其次是善于协调各方面关系。通过自己的人格魅力和协调能力，巧妙地解决矛盾，消除误会，建立和谐良好的人际关系。

第四，维护校园稳定能力。高校是高知识群体和青年高度集中的地方，具有人口密度大、公共场所多、贵重设备仪器价值高、出入校园人员复杂等特点。同时，高校也是西方敌对势力对中国进行思想和文化渗透、"西化"和"分化"的主要场所，加强高校稳定工作具有十分重要的意义。一方面，它是高校开展教学、科研等各项活动的基本前提和重要基础；另一方面，高校的稳定也关系到社会的稳定。因此，高校领导队伍要按照构建社会主义和谐社会的要求，深刻认识维护校园稳定的重要性，认真研究新形势下建设和谐校园面临的新情况、新问题，不断建立健全学生思想政治工作和维护稳定的长效机制，加强和完善校园矛盾的排查调处工作机制，始终保持清醒的头脑和政治敏锐性，敏锐洞察矛盾，及时发现问题，不断提高化解矛盾的能力

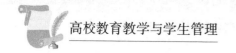

和处理突发事件的能力。

第五，创新能力。创新是一个民族进步的灵魂，是国家兴旺发达的不竭动力。高校是科技创新的前沿，是知识创新的主阵地。高校在创新中的地位要求高校领导队伍自身必须具有较强的创新能力。具体而言，高校领导队伍的创新能力一般包括以下几个方面：一是办学理念创新。树立以人为本思想，明确学校办学定位，理清发展思路，走规模、质量、结构、效益协调发展之路，既重视规模发展，又要着力抓好内涵建设；二是管理思想创新。高校的管理思想必须与时俱进，体现高校特点，体现时代要求，表现出应有的创新精神；三是工作思路创新。树立工作中的全局意识、大局意识、前瞻意识，尊重市场规律、遵循教育规律，寻求最佳的工作思路；四是管理方法创新。管理手段、管理方法既要体现时代性、把握规律性、富于创造性，又要坚持原则性、掌握灵活性。

作为高校领导队伍素质建设的核心要素，管理能力建设的重要性尤其突出。只有管理能力提升了，高校领导者才能具有站得更高、看得更远的远见卓识，才能产生巨大的实现战略的创造性力量以及在战略实施中的魄力和果断决策的能力。因此，班子成员只要努力在长期的领导实践中着力培养管理能力，就必然能够使自身素质和领导水平得到全面的提高和完善，获得事业的成功。

三、高校领导队伍结构建设的特点

高校领导队伍必须有一个科学的、合理的结构，才能发挥其领导效能。高校领导队伍在结构建设方面，主要有以下特点：

（一）年龄结构建设特点

年龄，是一个与生命共存，只增不减，有极限特征的变量，它不仅是人的心理功能的标志，也是人的知识经验多少的标志之一。合理的年龄结构，是领导集体富有生机、充满活力、成熟练达、堪负重任的基础，是关系到领导班子是否具有旺盛的创造力和生命力，是否发挥最佳群体效能的重要因素。合理的年龄结构，是指在领导班子中，要做到各个年龄区段的干部的比例适当，老、中、青合理搭配，形成梯次的年龄结构。

生理学、心理学研究表明，人的智力与年龄有一定的比例关系，不同年龄人的各种能力的发展速度、水平是不均衡的。因此，年龄结构是否合理，对领导班子集体领导作用的发挥有很大的影响。一般说来，高校校级领导班子由 55 岁左右、50 岁左右、45 岁左右的干部组成，这样既可以防止在职领导干部的年龄同步老化，又可以保持领导班子的相对稳定性和连续性，从而形成一个比较合理的领导群体。老年同志阅历广、经验丰富、考虑问题比较全面，处理事情比较稳重，可以起到传、帮、带的作用；中年同志比较成熟，是骨干力量，承上启下，能挑重担；青年同志更有创新精神，反应较快，对新生事物尤其敏感，思想活跃，精力充沛，是未来的接班人。老中青三者结合起来，既有利于增强活力，又弥补了经验不足，保持了工作的连续性，使整个班子始终保持朝气蓬勃的状态，形成一个比较理想的领导班子综合体。

(二) 专业和知识结构建设特点

合理的专业结构，是指领导班子成员按照一定的分工，需要具备分工范围的专业知识，并了解有关业务的情况，掌握这方面的工作规律，有一定的管理工作经验。

高校是文化知识密集的单位，配备领导班子成员要充分考虑高校的特点。一方面要求领导班子成员应具有较高的文化水平，一般要具有教授、副教授 (含相当) 高级职务，由不同学科、不同专业的成员组成。领导成员中应有社会科学、人文科学方面的人才，也应有自然科学、工程技术方面的人才；既要有理论专家，也要有实干家。在领导班子的成员结构配备上，至少应包括这样五种专业人员：一是拓展专业学科的人员，即通常所说的专家学者，学术权威。这样的人对内可团结学术人士，形成学术团体，开拓学术局面；对外可结交学术名流，产生社会影响，形成学术流派，扩大学校知名度。因此，在高等学校的领导班子中，资深专家学者是必不可少的。二是熟悉领导科学的人员。高校的校级领导，必须要有比较丰富的领导科学理论和实践知识，这是做好领导工作的必备知识基础。三是精通教育理论的人员。懂得教育科学，遵循教育规律，是办好教育的前提。高校领导队伍成员中，必须要有相对精通教育理论，尤其是高等教育理论的成员。四是擅长党建政工的人员。我国《高等教育法》规定，高等学校实行党委领导下的校长负责制。

高校校级班子，不仅要领导学校的教学科研，而且要领导党建和思想政治工作。在配备班子成员时，要配备好党务政工方面的领导干部，发挥他们在高校党建工作中的重要作用。五是通晓后勤管理的人员。后勤管理是高校管理工作的重要内容，后勤管理的好坏，直接体现学校的管理水平和质量，影响师生员工的日常生活，制约高等学校的办学效益。因此，配备强有力的后勤领导至关重要。各种专业知识背景的人才会聚在一个领导班子里，有利于形成班子成员总体在专业知识结构方面的全面性和完整性，克服和弥补各成员个体的片面性和局限性，从而有效地保证领导和管理好高校的各项工作。

(三) 气质结构建设特点

所谓气质，是指构成人们个性心理特征的重要方面，是一个人典型的稳定的心理特点。它的含义同脾气、性格等相近，主要表现在情感发生的快慢、表现的隐显以及动作的灵敏或迟钝等方面。心理学认为，人的气质可分为四种类型：一是胆汁质 (急躁型)。这种类型的人一般表现为精力充沛，情感强烈而易爆发，行动迅速，精力旺盛，工作积极热情，勇于进取，富有冒险精神。但脾气暴躁、任性、情绪容易波动，心境变换剧烈，有时刚愎自用，傲慢不恭。二是多血质 (活泼型)。这种类型的人主要表现为活泼好动，机智灵活，热情洋溢，亲切开朗，为人热情，适应性强。但感情肤浅而不稳定，注意力容易转移，兴趣容易变换，富于幻想，行动轻率，缺乏耐心和毅力，不愿做艰苦细致的工作等。三是黏液质 (胶滞型)。这种类型的人表现为沉着、冷静，善于克制忍让，注意力稳定，情绪坚毅持久，处事谨慎，办事严肃认真。但反应缓慢，缺少热情，个性固执，沉默寡言，情感不易外露。四是抑郁质 (稳重型)。这种类型的人的表现是沉静深沉，体验深刻，感情细腻，办事稳妥可靠，处事谨慎小心，观察敏锐，富于想象。但孤僻多疑，多愁善感，缺乏自信，行动迟缓，经不起挫折，进取心不强。以上四种类型的人，其性格和气质有着互相渗透、彼此制约的复杂联系，性格大体上可分为外向型和内向型。外向型的特点是开朗、活跃、爱好相互协同，交际很广；内向型表现沉静、反应缓慢，喜欢独立思考不大合群。

每个领导班子成员都有自己特定的气质特征。领导班子的气质结构，是指其成员在气质类型方面的构成情况。领导班子的最佳气质结构，指具有不同类型的领导成员的协调组成。现代心理学研究表明：两个气质类型不同的人在协调活动中，比气质类型相同的两个人配合所取得的成绩更好。气质特征不同的人合作，不仅合作效果良好，而且还有利于团结。高校领导干部在管理工作中所面临的客观环境和工作任务是十分复杂、艰巨的。任何一个领导干部在实现领导目标的过程中都不可能一帆风顺，必然会遇到多种困难和挫折，这就需要领导班子成员应具有不同的气质类型，以协调一致，互相补充，取长补短，具有较强的心理承受能力和坚忍不拔的意志与毅力，以稳定的心理和乐观的情绪形成最强的整体功能。在国外，气质已成为选拔人才的一项重要的素质指标。在加强高校领导队伍结构建设时，应逐步重视气质结构的协调功能，考虑成员间的气质互补，形成最优的气质结构。

第三节 高校领导队伍建设的要求

一、把高校领导队伍建设成为政治坚定的班子

(一) 政治坚定是高校领导队伍建设的首要内容

所谓政治坚定，就是高校领导队伍要有坚定正确的政治方向、政治立场、政治观点，较高的政治鉴别力、政治纪律和政治敏锐性。政治坚定是高校领导队伍建设的核心和灵魂，具有方向性、根本性和全局性的作用。

第一，坚持政治坚定，是适应社会主义市场经济、促进高等教育改革与发展的需要。随着市场经济体制的建立和高等教育改革发展步伐的加快，高校出现了许多问题。在这种新形势下，只有坚持讲政治，加强领导班子建设，高校领导人才能在社会主义市场经济的大潮中，坚持正确的方向，自觉从政治上认识问题和处理问题，既借鉴市场机制作用，又遵循教育自身的规律，使高校沿着正确的方向健康发展。

第二，坚持政治坚定，是培养和造就跨世纪的社会主义事业接班人的需要。高校的根本任务是为社会主义现代化建设培养德、智、体等方面全面发展的建设者和接班人。能否顺利完成这一任务，关键在于高校领导干部的思想、政治作风素质如何。这就决定了高校领导队伍建设，必须把坚定正确

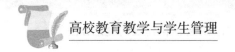

的政治方向放在首位，加强高校党的建设和思想政治工作。

第三，坚持政治坚定，是抵御国内外敌对势力"西化""分化"图谋的需要。能否坚持政治坚定的要求，加强领导班子建设，关系到高校能否抵制西方意识形态的渗透，坚持社会主义办学方向，达到挫败敌对势力的渗透、颠覆和演变的政治阴谋的目的。

(二) 政治坚定是高校领导队伍建设的基本要求

第一，加强理论武装，坚定理想信念，把高校领导队伍建设成为坚定贯彻党的理论和路线方针政策、善于领导科学发展的坚强集体。思想政治建设从来都是领导班子建设的首要任务，政治上的坚定和敏锐，则取决于理论上的成熟和深刻。新形势下，加强领导班子思想政治建设，首要任务是用中国特色社会主义理论体系武装头脑、指导实践、推动工作。因而，高校领导队伍成员必须坚定共产党人的理想信念，提高走中国特色社会主义道路的自觉性；深入学习实践党的理论，提高走科学发展道路的自觉性；加强对党的方针政策的学习研究，提高与党中央在思想政治上保持一致的自觉性。

第二，坚持全面贯彻党的基本路线和教育方针，积极推进学校的改革和发展。在教育改革过程中，高校领导队伍成员要把握政治方向，最根本的就是始终不渝坚持党的基本路线，坚持党的教育方针，坚持社会主义的办学方向，积极推进学校的改革、发展和稳定。这是高校大局的工作，也是高校最大的政治问题。因而，高校领导队伍应紧紧围绕高校的发展中心，突出学校的发展重点，深化教育教学和管理体制改革，优化资源配置，改善办学条件，使学校在激烈的办学竞争中永远立于不败之地。在努力探索学校发展的新路子中，高校领导逐步提高把握政治方向、驾驭全局的能力。

第三，用好的制度、好的作风选人用人。要把选人用人问题作为加强领导班子思想政治建设的重要内容和有效切入口，把政治标准放在首位，端正用人思想，完善用人制度，健全用人机制，逐步形成任人唯贤的用人导向。进一步扩大干部工作的民主，建立群众公认的民主推荐机制、公开透明的干部考察机制、注重实绩的干部评价机制、公道择优的干部任用机制、公平有序的竞争机制、公正严明的管理监督机制，抓好领导班子，带好队伍。

二、把高校领导队伍建设成为求真务实的班子

(一) 求真务实是增强高校领导队伍凝聚力和战斗力的源泉

求真务实，是辩证唯物主义和历史唯物主义一贯的科学精神，是我们党的思想路线的核心内容，是党的优良传统和共产党人应该具备的政治品格。高校领导队伍应该求高等教育发展规律之真，务高校改革发展之实。

坚持和发扬求真务实，也就是在实际工作中，一切从实际出发，在实践中探索规律，检验和发展真理，尊重事实，尊重实践，说实在话，办实在事，踏实工作。高校是社会主义的文化、科研阵地，是培养社会主义建设者和接班人的摇篮，求真务实是其存在和发展的必然要求。第一，高校在实施科教兴国战略中担负着重大历史使命，高校教师的天职是传道解惑，教书育人，他们的治学态度、执教方式，不仅直接关系到自身工作的绩效，而且事关人才培养的质量和高等教育发展走向，乃至关乎建设社会主义和谐社会成败的大局。第二，高校是研究高深学问、探求科学真理的场所。科学是关于客体的知识体系、产生知识的活动、科学方法等内容按一定规律和方式构成的动态系统，科学研究的第一要义是必须遵循特定的学术规范，最根本的在于尊重客观事实，以观察、实验得到的事实和数据为依据，这是科学研究、追求真理过程自身的内在逻辑和客观要求，而不是外部强制赋予的。而高校领导队伍是高校建设和发展的核心，必须具备求真务实的工作作风。它既是高校领导干部必须具备的素质，又是高校发展的前提和基础。因此，加强高校领导队伍建设，要以求真务实、开拓创新的思想作风建设为重点，把高校领导队伍建设成为一个有责任感、事业心、敬业奉献的坚强集体。

(二) 求真务实是高校领导队伍建设的基本要求

第一，求实、求是，坚持真理。"求实"，就是一切从实际出发，对事物进行认真周密的调查研究。"没有调查研究就没有发言权"，调查研究过程就是发现问题和解决问题的过程。"求是"，就是对调查得来的第一手资料做出科学分析，找出规律性，从而按照客观规律有计划、有步骤地开展工

作。[①]"坚持真理"，就是按照事物的本来面目认识世界、反映世界。"求实、求是，坚持真理"，要求高校领导牢固树立群众观念和公仆意识，具备民主作风，与群众打成一片。我们党一贯的优良作风是密切联系群众，从群众中来，到群众中去。高校是一个高知识群体，领导干部更要坚持党的群众路线，充分尊重教职工，依靠教职工，努力办好学校的事情。

第二，说实话、办实事、求实效。说实话、办实事、求实效，是每一个高校领导干部都必须坚持的基本准则。只有多干实事，真正干出实绩，才能取信于民。高校领导应少说空话，多干实事，以务实的态度和精神做好自己分管的工作。工作中要抓部署、抓动员、抓检查和验收。抓任何事情都要始终盯住不放，直到收到预期成效。工作抓不抓落实，实际上是领导干部是不是有责任感、称不称职的问题。当然，发扬务实的精神并不是说任何工作都要事必躬亲，要讲究领导的方法和领导的艺术，要掌权而不专权，要当班长而不当家长，要善于用人而不失察，从而充分调动各级干部的积极性。

第三，不唯上、不唯书、要唯实。"不唯上、不唯书、要唯实"，这是对"实事求是"所提出的具体实施意见，也是对求真务实作风建设的具体要求。一个优秀的、称职的高校领导干部，在贯彻执行上级指示和学校党委的决议、决策时，决不能机械地照搬，应坚决反对抄、转、套的形式主义，既要坚持原则，又要结合分管工作的实际情况，创造性地开展工作，将学校党委的决议和决策落到实处。工作中遇到实际困难，要多与班子成员商量和沟通，共同探索切实可行的方案，做到既认真贯彻落实了党委的决议和决策，又符合学校各项工作的实际情况。对于书本知识，绝不能生硬照搬，要认真领会其精神，结合实际情况，将理论有效地应用于实践，杜绝"教条主义""本本主义"。

三、把高校领导队伍建设成为开拓创新的班子

(一) 开拓创新是高校领导队伍充满活力发展事业的突出表现

创新是一个民族进步的灵魂，是社会发展和人类进步不竭的动力和源泉。发展的时代需要创新精神。我们正处在一个伟大变革的时代，创新已成

---

① 金婷. 高校基层领导干部激励机制的构建 [J]. 经济与社会发展研究，2019(4)：63.

为时代的主题，推动着各项事业的迅猛发展。

领导者的重要职责之一就是变革和创新。在当前改革开放和社会变革的形势下，领导者推动创新的能力和驾驭变革的能力显得尤为重要。一个没有创新能力的民族是难以屹立在世界先进民族之林的，同样，一个没有创新能力的领导者也难以在激烈的竞争中有所作为。高校领导队伍必须按照体现时代性、把握规律性、富于创造性的要求，坚持与时俱进，不断深化对党领导高等教育的规律、人才培养的规律和教育发展的规律的认识，紧跟时代进步潮流，审时度势，抓住机遇，用好机遇，把创新作为长期坚持的治校的管理之道，不断解决新课题、开拓新境界、实现新飞跃。创新是高等学校事业发展的根本出路，增强创新能力是实现教育创新目标的前提条件，是高校领导队伍充满活力发展事业的突出表现。高校领导队伍只有增强与时俱进的意识，提高开拓创新的能力，才能顺利实现教育创新的目标，为我国经济和社会发展培养高素质的劳动者、建设者、管理者和领导者。

（二）开拓创新是高校领导队伍建设的基本要求

第一，重视知识更新，拓展领导班子观察问题的视野和角度。目前，高校领导队伍在知识更新上一般存在"三多三少"的问题。更新政治理论多，更新科学、管理知识少；吸取国内信息多，系统了解国外信息少；正面信息了解多，反面信息了解少。要改变这种状况，首先就要克服信息吸取方面的片面性，加强"外脑"建设，拓展领导班子观察问题的视野和角度，提出解决问题的方案和措施。所谓"外脑"，一般指电脑和人脑两部分，这里特指专家、智囊以及广大群众的大脑。加强"外脑"建设是高校领导队伍工作有益的补充。其次，还需要建立一个能激励和保证领导班子不断更新知识的机制。例如，领导班子成员定期互访和出访制、定期进修制、调查研究制，等等。

第二，具体问题具体分析，加强党的思想路线教育。解放思想、实事求是是领导班子开展创造性工作的思想前提。围绕解放思想、实事求是开展的宣传教育不算少，舆论声势很浩大。但在现实中，这和思想路线在干部头脑中牢固扎根并演化为一贯的工作作风有一定的差距。表现在一旦深入具体工作层次，一些关系不易处理：一是执行领导指示和处理具体问题的关系，二是坚持理论原则和处理具体问题的关系，三是学习先进经验和处理具体问题的关系。这些关系处理的好坏，直接影响创造性工作的开展，而这些关系的正确处理，又是以坚持实事求是为前提的。在这种情况下，光宣传和提要求至多能强化干部实事求是的愿望，并不能解决实际问题。因此，关键在于把思想路线教育和研究新问题、解决新问题结合起来。在组织指导班子研究问题、解决问题中引导他们理论联系实际，强化从实际出发的思维方法和工作方法，以达到创造性地开展工作的目的。

第三，适应形势需要对教育管理体系进行调整，以利于基层创造性的发挥。管理采取何种结构和模式，对领导班子创造性的发挥有很大影响。管理究竟采取何种结构和模式，是因环境而定的。环境条件稳定，可以采取层次多的高耸的结构，即高度的专业化、形式化和集中化，有固定程序的活动，有计划的行动，对不熟悉的事物做出缓慢的反应。环境条件经常变动，则应减少管理层次，采取灵活的结构。

四、把高校领导队伍建设成为勤政廉政的班子

(一) 勤政廉政是高校领导队伍建设的根本要求

勤政廉政既是高校领导队伍建设的根本要求和重要内容，又是我们党的优良传统。它是增强领导班子的执政能力和拒腐防变能力的重要保证。

高校领导队伍是否勤政廉政，关系到学生心灵的净化，教育事业的兴衰。勤政，国家才有希望；廉政，才能取信于民。领导干部要严于律己，在勤政廉政上做出表率，才能在群众中形成感召力，才能取得领导资格，否则，难以取得群众信任。当前，高校面临着新形势、新任务、新要求，如果我们对一些领导干部身上存在的不良作风问题不加以警惕，不抓紧治理，任其发展，势必影响党群和干群关系，挫伤广大教职工的积极性，影响学校的改革、发展和稳定，其危害性不可低估，必须下决心加以整治。抓好领导干部勤政廉政建设，使领导干部始终保持良好的精神状态和作风，始终坚持党的根本宗旨，事关高等教育事业发展的成败。

高校领导队伍是否勤政廉政，是事关党风廉政建设和反腐败斗争能否深入推进的关键，它事关全局，事关党的事业，事关人民的根本利益，是个党性问题。从高校实际情况来看，随着高等教育事业的迅速发展，高等教育

规模不断扩大，各高校的投资项目和投资金额大幅度增加，而一些领导干部经不起诱惑，头脑中滋长了拜金主义、享乐主义和极端个人主义，缺少应有的道德操守和理想信念，把党和人民赋予的权力当作牟取私利的手段，徇私枉法、滥用权力，一些违法乱纪行为和腐败现象时有发生。我们要把惩治腐败作为进一步端正党风和领导干部作风的重要手段，依纪依法严肃查处各类违纪违法案件，坚决惩处腐败分子，以严明的党纪取信于广大教职工。

(二) 勤政廉政是高校领导队伍建设的基本要求

1. 领导班子成员要加强作风建设，坚持勤政廉政

第一，要努力塑造自己使自己成为教职工的公仆。高校领导队伍成员要在实际工作中发挥表率作用，必须严格要求，严格管理，严格监督，以身作则，言行一致；增强责任意识，踏踏实实做事，勤勤恳恳钻研；讲实话、出实招、办实事、求实效，做到"为民""务实""廉政"，树立起师生员工的公仆的良好形象。

第二，要自重、自省、自警、自励。坚持"自重、自省、自警、自励"总的说就是要坚持用党章和党的各项规定严格要求自己，自觉用党纪党章严格约束自己，面对社会上不良风气的侵袭，更要严于律己，防微杜渐，使自己的行为符合共产党人高尚的人生观和道德情操。

第三，要正确处理各种关系。在开展工作时，高校领导队伍成员要时刻牢记全心全意为党和人民服务的宗旨，正确处理国家、学校和个人利益的关系，正确处理分管工作与领导班子全局工作的关系，坚持吃苦在前，享受在后，以高尚的情操、模范的行为，带领师生员工推进学校的建设和发展。

2. 建立健全规章制度，严格规范从政行为

建设一个勤政廉政的高校领导队伍，既要靠干部本人主观努力，更要靠制度监督约束干部。为此，高校领导队伍建设必须坚持按制度办事、靠制度管人的工作机制。

第一，重视党同人民群众的联系，建立健全领导干部联系群众的制度，切实改进领导方法和工作方法，切实为群众办实事，达到促进领导干部勤政廉政的目的。

第二，建立领导班子思想行为规范，完善具有可操作性的校内监督

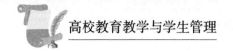

机制。

第三，要坚持领导干部收入申报制度和重大事项报告制度，不断增强此项工作的透明度。

第四，要建立并坚持资金使用上的财务审批制度、大宗物资集体采购制度、工程招投标制度，保证资金使用安全，更有效地发挥资金使用效益，防止物资采购和工程建设上的不正之风。

第五，落实干部谈话制度，不仅是提拔或工作调整时谈话，平时也要定期找干部交流思想和看法，提出要求，特别是发现班子不团结或干部在廉政和思想等方面存在问题时，要及时"诫勉"。

第六，要建立并不断完善教职工代表大会制度，坚持民主办学、校务公开，切实落实教职工对学校重大决策的知情权、参与权、选择权和监督权。

五、把高校领导队伍建设成为团结和谐的班子

(一) 创新高校领导队伍合力建设的理念

领导班子合力，即班子的各领导成员在对组织目标认同的思想基础上，认真负责，积极工作，顾全大局，互相配合，团结协作的一种良好状态。高校要实现高等教育全面、协调和可持续发展，就必须创新领导班子合力建设的理念。

第一，成员组成的差异性体现领导者个体素质的提升。高校领导干部的整体素质是由它的个体素质来体现的。实现领导班子的个体素质和整体功能，关键在于班子要形成合理的结构。在考虑班子整体结构时，要力争使每一位成员的智能水平都与其在班子中的地位、作用相适应，做到"智能互补""个性相容"，尽量在年龄、资历等方面拉开档次，以提高班子的融合度和整体效能。要配备互补的气质结构，使之取长补短，互相交融，同时，还要具备健康的心理结构。只有这样，才能减少内耗，产生凝聚力，形成一个政治强、业务精、作风硬的高校领导队伍。

第二，组织目标的一致性决定领导集体共同的价值取向。思想上的统一是贯穿高校领导活动始终的红线。每一个班子成员都要注重加强理论学习，只有在理论上一致了，指导思想上统一了，才能在工作上达成共识，和

睦相处，齐心协力开创新局面。而共同的事业往往是将领导班子成员凝聚在一起的基础。在一个班子里，如果大家都想把事业做好，就会心往一处想，劲往一处使，志同道合，合力就能增强。反之，只能贻误事业的发展。

（二）团结是高校领导队伍合力建设的前提

团结是高校领导队伍合力建设的前提。团结出效益，团结出战斗力，团结产生新的力量，一个班子的团结是搞好工作的前提和关键。

第一，团结协作是巩固领导班子的基本保证。如果领导班子能够团结协作，有一种健康、积极、向上的氛围，成员就会心情舒畅，及时进行思想沟通交流，一些可能出现的误会和摩擦就会及时得到消除，凝聚力就会得到增强，使领导班子整体呈现并保持思想统一、行动一致，进而使整个干部队伍团结和巩固。

第二，团结有利于实现集体领导和科学决策。集体领导是以领导班子为基本实现途径的，即领导班子是实现集体领导的重要方式和物质载体。然而，我们不能认为所有领导班子成员都参与了决策活动就实现了集体领导，只有团结协作的领导班子才能真正实现集体领导。在实际工作中，领导班子成员如果不团结协同，"内耗"严重，就不能形成统一的决策和意志，直接影响决策的时机、质量和效果，集体领导和科学决策自然无从谈起。

第三，团结有利于增强领导效能。从物理力能角度分析来看，多数力融合为一个总体力时将会产生新的力能，将会创造一种新的生产力。按通俗的说法，就是1+1>2。如果领导班子公平公正、团结互助、开拓进取、风清气顺，既教给干部工作方法、提高工作能力，又给干部以认真干事、踏实做人的示范，整个干部队伍也会形成积极向上的凝聚力，其总效能必然大于局部效能之和。反之，如果领导班子成员之间团结协同不好，就会导致总效能必然小于局部效能之和，甚至等于或小于零。因此，领导班子成员之间必须团结和谐，努力使班子成为一个有机的统一体。

总之，为了使领导班子能够团结和谐、形成合力、搞好高校工作，每一名领导班子成员都应该增强合作意识，自觉维护集体领导权威，严格遵守民主集中制原则，在不断推进高校事业进步的共同目标的各项工作中，合力同心，共赢共荣。

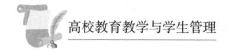

第四节　高校领导队伍建设的目标

一、建立"想干事、能干事、干成事"的领导班子团队

(一)领导团队建设的重要性

我们常说，谋事之首要在于用人，用人之首要在于领军人物的选择和领导团队的组建。高校领导的主要职能是高校发展战略的制定以及战略执行的管理。因此，拥有一个具有战略眼光、具备很高素质和能力的教育家作为高校发展的领航人，对高校发展起着至关重要的作用。但是，仅仅有一个高水平的领军人物并不能保证高校战略管理的成功和各项事业的顺利发展，还必须有一个好的领导团队。

从理论上来说，领导团队建设的重要性主要来源于两个方面的原因：一是高校面临的内外形势的复杂性和个人能力的有限性的矛盾。随着高校规模的不断扩大和国际化趋势的不断加强，战略的制定和管理变得异常复杂，决策需要的信息和能力变得多种多样，涉及许多跨职能问题的处理，而个人的能力和经验是有限的，也不可能一直是理性的。所以，单纯由一个人做出战略决策不仅面临个人能力上的欠缺，而且冒着理性不足和决策片面化的危险。二是战略决策的连续性和权力更替的频繁性之间的矛盾。我国高校当前实行的体制是党委领导下的校长负责制。高校党委的一个重要职能是负责高校发展战略的制定，作为高校党委"班长"的党委书记对发展战略的制定起着非常重要的作用。同时，高校校长往往有多重任务，不可能全天候地扑在战略管理上，更不可能有分身术同时作用于战略管理的不同方面。同时，高校校长也不可能一直由某一个人担任。因此如果没有一个团队而只是由个人负责，则他的更替就会造成高校发展战略的不连续，影响高校健康持续发展。

高校发展没有核心不行，但这个核心应该是领导团队，而不能是个人，这是高校保持良好运转的关键。个人的作用是很重要的，但也是有局限性的。好的领导人要能发挥自己的作用，更要善于发挥好领导班子的班长作用，进而发挥领导团队的作用。高校要想长远发展，应该更注重团队的作用，更注重领导团队的建设。

(二) 具体要求

建立"想干事、能干事、干成事"高校领导队伍的具体要求：

第一，要树立想干事的理想。一个优秀的高校领导队伍，必须要有想干事的愿望，要以事业为生命依托、以工作为无上乐趣、以奉献为价值取向。对班子成员个人而言，想干事的愿望来源于"在其位、谋其责"的事业心、促发展的紧迫感以及心系群众的"公仆"情怀。要时刻想着全校师生的利益和学校的发展，干师生关心的事，干师生满意的事，干师生受益的事。把师生的呼声作为第一信号，把师生的需要作为第一责任，把学校的发展作为第一要务。班子成员人人奋发有为，把全部心思放在干事上，把全部精力放在创业上，把全部本领施展在学校的发展上。

第二，要练就能干事的本领。发展是硬道理，是第一要务，是解决一切问题的关键。高校的发展光喊不行，光有热情不够，光表决心没用，得要有干事的本领，有务实的能力，用行动来说话，用实干来证明。这就要求高校领导队伍必须练就能干事的本领，关键是要有较强的科学决策能力和决策执行力。领导班子在进行决策时，要尊重群众和客观规律，做到集思广益，集中民智，坚持集体决策、民主决策、按程序决策，确保得不到大多数群众理解和支持的措施不出台，违背高校发展规律的措施不出台。决策的执行力体现在依法行政的能力上，领导班子成员要强化全局意识，做到"从'越位'的地方'退位'，'错位'的地方'正位'，'缺位'的地方'补位'"。[①]

第三，创造干成事的业绩。评价高校领导队伍是非成败的主要依据是看他们是否干成了事，因为只有他们干成了事，才能证明他们能干事，也才能说明他们真正想干事。而且他们干成了的事必须是对大多数群众有益的事，对学校当前及未来发展有益的事，且必须通过实践来检验，由群众说了算。因此，领导班子不能"拿钱不干活，当官不作为"，要将全部注意力和心思集中到努力干事上来，创造出骄人业绩。

第四，营造"想干事、能干事、干成事"的氛围。高校领导队伍不但要以"想干事、能干事、干成事"的要求来加强自身建设，还要在全校营造"想干事"的思想氛围、"能干事"的组织氛围、"干成事"的环境氛围、"会

① 汪梅臻．加强高校教学管理队伍建设的探讨 [J]．理论界，2007(1)：16-19．

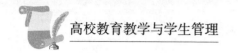

共事"的和谐氛围以及"不出事"的廉洁氛围。使真正想干事的人有机会、真正能干事的人有平台、真正干成事的人有地位，最终形成人人都想干事、想干事的人能干事、能干事的人能干成事的良好局面。

二、建立敢于负责、善于负责的领导班子

（一）建设责任型高校领导队伍是基本要求

高校党委的主要职责是："执行中国共产党的路线、方针、政策，坚持社会主义办学方向，领导学校的思想政治工作和德育工作，讨论决定学校内部的组织结构的设置和内部组织机构负责人的人选，讨论决定学校的改革、发展和基本管理制度等重大事项，保证以培养人才为中心的各项任务的完成。"高等学校的校长作为高等学校的法定代表人，行使的职责有："拟订发展规划、制定具体规章制度和年度工作计划并组织实施；组织教学活动、科学研究和思想品德教育；拟订内部组织机构的设计方案，推荐副校长人选，任命内部组织机构的负责人；聘任与解聘教师以及内部其他工作人员，对学生进行学籍管理并实施奖励或者处分；拟订和执行年度经费预算方案，保护和管理校产，维护学校的合法权益；主持校长办公会议或者校务会议，处理前款规定的有关事项。"有职责就有责任，职责的履行要求以书记、校长为主的领导班子必须是一个责任型的领导班子。

（二）树立责任型领导班子的理念

责任即服务，服务即责任。中国共产党是为人民服务的党，为人民提供优质高效服务。这就要求，建立责任型高校领导队伍必须树立以责任为中心、以为人民服务为宗旨的理念。班子成员要牢固树立责任意识，有明确的责任感，把责任放在全局的、根本的、长远的高度进行认识，把自己肩负的责任放在第一位，以责任为动力、为导向、为标准开展工作。同时，必须把为师生员工和学校发展服务作为首要的、根本的责任。唯有如此，才能保持工作的目标性、自觉性和一贯性。一个负责任的高校领导队伍必须是一个能提供优质高效服务的领导班子，一个能提供优质高效服务的高校领导队伍必然也是一个负责任的领导班子。服务型领导班子是责任型领导班子最根本的

价值体现。

(三) 责任型领导班子的实现

树立以责任为中心、以为人民服务为宗旨的理念是建立责任型领导班子的前提。但只有理念，没有一定的机制做保障，责任型领导班子也无法实现。因此，建立责任型高校领导队伍，应着力于四大机制。一是建立高校领导队伍责任"无缝"机制。在高校领导队伍内部，根据《中华人民共和国高等教育法》对党委及各班子成员职责的规定，结合本校实际，形成一个责任闭合的链接。责任必须全面明确，全面到位，全面衔接，避免职能交叉重叠、责任不清、事权分离、管理真空等问题的出现。二是建立高校领导队伍责任落实和评估机制。责任贵在落实，责任必须落实。必须建立完善的制度保证责任得到落实，并根据职位分类和职责说明书，建立完善的绩效考核机制、完善的绩效考核制度、完善的绩效考核反馈制度，以及绩效考核改进管理制度等，对责任落实情况进行考评。三是建立高校领导队伍责任激励制度。建立责任型高校领导队伍是现代管理所强调的责、权、利统一思想在领导问题上的具体体现。在赋予领导班子责、权、利的同时，明确领导班子应承担的责任，建立完成责任的倡导机制、完成责任的保障机制、完成责任的表彰奖励机制等，有助于激励和确保领导班子成员有效行使组织和社会赋予的权力，从而达到权力运作合乎授权本意的目的。四是建立高校领导队伍问责制。为加强对权力进行制约和监督，保证把人民赋予的权力用来为人民谋利，十六届四中全会提出了依法实行问责的思想。随着高校所面临的社会责任越来越多，这一思想理应成为新时期加强高校领导队伍建设的重要指南。建立高校领导队伍问责制，关键是通过明确问责主体、问责客体、问责范围、问责程序以及责任体系，进行问责制度的建设，使问责运作制度化，并在此基础上，逐步建立完善的问责制度体系。

三、建立群众基础牢靠、民主气氛浓厚的领导班子

(一) 建立紧密联系群众的高校领导队伍是党的群众路线的要求

群众路线是中国共产党人基于中国革命和建设的实践，对马克思列宁

主义的一个重要发展，是党的根本路线，体现了党特有的存在方式，这种存在方式使我党不断发展和壮大，成为我党始终保持生机和活力的重要源泉。群众路线是中国特色社会主义现代化建设的根本保障，是党在任何时候都必须坚持的重要法宝。当前，党中央把如何保持与人民群众的密切联系作为执政党面临的重大问题提到全党面前。从这一问题与革命和建设的关系层面看，保持与人民群众的密切联系是党的建设的一条基本规律。遵循这一基本规律，革命和建设的成功就有了根本保证，反之，则不可能。

（二）建立紧密联系群众的高校领导队伍是促进高校改革、发展、稳定的需要

改革、发展、稳定是高校当前面临的重大课题，这一课题能否顺利完成，加强高校领导队伍建设是关键。而党的群众联系的成功实践表明，建设紧密联系群众的领导班子是促进高校改革、发展、稳定的需要。

高校的改革与发展需要科学的决策，决策的失误带来的损失往往是无法估计的。这就要求决策必须科学化、民主化。而科学化、民主化的决策又必须有牢靠的群众基础。高校领导队伍作为改革与发展的决策者和组织实施者，在推动高校改革与发展的过程中，必须坚持群众路线，与群众紧密结合起来，充分调动广大教职员工的积极性。广大教职员工处于履行高校职能的第一线，高校改革与发展的根本目的之一是为了维护他们的根本利益，调动他们的积极性。因此，高校关于改革与发展的各种决策，如果不听取广大教职员工的意见，或者损害了他们的根本利益，就会挫伤他们的积极性。而学校的各项改革，离开了他们的支持与积极参与，就难以深化，也注定会失败。

（三）建立紧密联系群众的高校领导队伍的具体要求

坚持党的群众路线在完成高校的根本任务和促进高校的改革、发展、稳定中起着至关重要的作用。新形势下，建立紧密联系群众的高校领导队伍，要求我们创造性地践行党的群众路线。

第一，要树立正确的群众观。树立正确的群众观是创造性地践行党的群众路线、建设紧密联系群众的高校领导队伍的前提。只有树立正确的群众观，在思想上尊重群众、感情上贴近群众，才能真正相信群众、依赖群众，

才能处理好新形势下的党群关系。高校领导队伍树立正确的群众观，首先得理解"群众"的内涵，给"群众"一个正确的定位。群众与领导是相对而言的。高校领导队伍面对的群众，有狭义和广义之分。狭义上的群众是指学校的全体教职员工，广义上的群众还包括与学校发展相关的广大人民大众。高校领导队伍牢固树立正确的群众观，须正确处理好与学校教职员工的关系，同时也不能忽视与社会大众、社会群体组织之间的关系。这是高校领导队伍巩固执政基础、扩大执政资源、提高执政能力的唯一途径。

第二，要切实维护群众的根本利益。切实维护群众的根本利益，是创造性地践行党的群众路线，加强高校领导队伍建设的具体表现。加强高校领导队伍建设，提高高校领导队伍的执政能力，最终要落实到实现好、维护好、发展好广大教职员工的根本利益上来。因此，加强高校领导队伍建设，必须时刻关心群众疾苦、维护群众利益，积极为群众办好事、办实事，时刻牢记群众利益无小事。

第三，要依靠和组织群众。依靠和组织群众是创造性地践行党的群众路线，加强高校领导队伍建设的不竭动力。相信群众、依靠群众、组织群众，是加强高校领导队伍建设的动力源泉。具体而言，就是从认识上，要牢固树立全心全意依靠广大教职员工办好学校的思想；从政治上，保证广大教职员工的主人翁地位，保证他们对重大事项的发言权、参与权；从组织上，充分发挥工会、教代会等组织的作用，实行民主管理、民主监督；从队伍建设上，努力提高广大教职员工队伍的素质，并切实维护他们的合法权益。

四、建立终身学习、富有活力的领导班子

(一) 建立学习型领导班子是建立学习型社会、学习型政党的现实需要

信息时代的到来，对人类的生产和生活产生了深远影响，使人类社会发生了质的变化。信息技术与通信产业的兴起，使知识的创造、留存、学习和使用方式发生了巨变，信息高速公路则为普及教育和终身学习大开方便之门，人类已步入一个学习的新时代。在此背景下，构建学习型社会、建设学习型政党，不能没有领导班子的率先垂范，领导班子的行动是无言的号召和导向。而领导班子作为领导者和管理者，并不是先天就是专家和学者、先天

就是领导和管理者，只有不断地加强学习，才能提高自身的领导水平和执政能力。因此，按照学习型的要求加强领导班子建设才是构建学习型社会、建设学习型政党的第一要义，建立学习型领导班子是建立学习型社会、学习型政党的现实需要。

(二) 建立学习型领导班子是高校职能转变的内在要求

根据现代汉语词典解释，职能是人、事物、机构应有的作用。高校作为一种育人机构，有着自身的独特作用，这种作用的持续发挥决定了高校在社会系统中存在的必要性和重要性。而作为高校得以存在的基础与依据，高校职能又是一个不断发展的概念。信息时代，网络技术和信息技术迅猛发展，信息以前所未有的速度和广度传播，影响到社会的方方面面，信息高速公路的建设和发展，推动了人们生活和工作方式的全面改变。"社会渐进的过程将使大学逐步地细微调整，社会质的变化将引起大学内部和外部的全面变革，甚至引起大学职能的变化"。

传统经典教育理论认为，我国高校职能主要包括三方面：培育人才职能、发展知识职能和社会服务职能。随着社会质的变化，高校必须不断自我调整，以适应并超越社会和时代的发展，其职能必然也要发生相应变化。只不过高校职能的这种变化，不是质变，是相对传统职能而言内涵有了扩展，内容有了增加。高校职能的变化，对高校领导队伍的素质自然会有新的要求。高校领导队伍唯有终身学习，不断形成新的活力，才能跟上社会与时代发展的步伐。

(三) 建立学习型领导班子的基本要求

第一，提高认识，树立正确的学习观。学习贵在自觉，自觉来源于对学习重要性和学习目的的深刻认识和理解。高校领导队伍必须树立正确的学习观，把学习当作一种政治责任、一种思想境界、一种精神追求，树立学习提高工作效率、学习创造政绩的新思维；清除"要我学"的旧观念，树立"我要学"的新理念，促进良好学风的形成。

第二，丰富学习内容，增强学习的效用性。高等教育的发展出现了许多新情况、新问题，高等教育的发展规律出现了新的表现形式。"工欲善其事，必先利其器"。高校领导队伍要正确认识和把握高等教育的发展规律，做出符合高等教育发展的前瞻性决策，使高校获得超常规发展，必须不断丰富学习内容，全面提升自身素质。在学习中，要突出学习的效用性，把对理论知识、业务知识、法律法规等的学习与高校的战略目标和中心任务结合起来。

第三，创新学习方法，拓宽学习渠道。建立学习型领导班子是高校领导队伍建设的目标任务，但如果没有科学的学习方法，学习型领导班子建设的任务也就无法实现。要改变传统的学习模式，创新学习方法，采取集中与分散学习相结合、交流讨论与独立思考相结合、"走出去"与"请进来"相结合、"请上来"与"走下去"相结合、理论学习与提出问题相结合、理论研讨与实地考察相结合，使学习方法不拘泥于一种形式。

第五节　高校领导队伍建设的方法

一、选好配强高校领导队伍

(一) 重点选好配强两个一把手

切实优化班子结构、选优配强高校领导队伍的重点是选好党政"一把手"。要办好一所大学，关键要有一个坚强有力的领导队伍，特别是要按照社会主义政治家、教育家标准选配好党委书记、校长。"一把手"在班子中处于核心地位，肩负着重要责任，发挥着关键作用。在一个高校领导队伍中，"一把手"起着模范带头作用，带头学习，带头工作，带头维护团结。要真正把那些坚持党的教育方针，具有世界眼光和战略思维，善于把握高校发展趋势，熟悉高等教育工作规律，有较高的治校治教能力和领导水平，政绩突出，民主作风好，清正廉洁，善于领导科学发展和驾驭全局的优秀干部选拔到"一把手"岗位上来。

高校要坚持并完善党委领导下的校(院)长负责制，切实加强党对高校的领导，充分发挥校(院)长在高校管理中的重要作用，提高高校领导队伍驾驭学校改革与发展的能力和水平。高校领导队伍特别是书记和校(院)长要讲政治，顾大局，团结合作，互相尊重，互相支持。

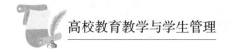

(二) 着力优化领导队伍结构

只有着力优化领导队伍结构，才能进一步增强高校领导队伍的活力和整体功能。在高校领导队伍建设中，既要选配好两个"一把手"，又要搞好整体配备，在注重思想政治素质的基础上，努力完善领导队伍成员的年龄结构、知识结构和专业结构，注意各个成员的特长，使领导队伍成为整体素质优良、成员优势互补的坚强集体。特别是要注重党政两个"一把手"的合理搭配，从党政两个岗位职责的要求，全面分析各自的能力、知识、专业、年龄、性格、气质和经历等特点，按照发挥专长和优势互补的原则，进行合理搭配，做到扬长避短，相得益彰，以利于两个"一把手"团结共事，提高领导队伍的战斗力。要按互补的原则，合理搭配副职。

在配备副职时，要更注重其单项特长，量才定位，用其一点服务全局。同时注意从全局出发，合理搭配，既注意业务专长方面的全面性，又顾及年龄方面的梯次性、性格上的互补性，突出改善领导队伍的智能结构。要不拘一格选人才，在优化班子结构上下功夫。新提拔的高校领导队伍特别是年轻干部，在文化知识层次上要有更高的起点、更高的标准。分管教学、科研的，文化和专业层次应相应高一些。要注意领导队伍专业结构的合理搭配，尽量涵盖本校主要学科或学科群。综合性高校要兼顾文、理、工等学科，专业性较强的高校要尽量体现本校的特色。要通过加大干部选拔和班子调整力度，不断优化高校领导队伍的整体结构，形成一支德才兼备、结构合理、开拓进取的高校领导队伍，切实增强高校领导队伍的创造力、凝聚力和战斗力。

(三) 大力提拔优秀年轻干部

抓紧培养选拔优秀年轻干部，造就一大批能够担当重任的领导人才，是适应新形势、迎接新挑战，全面推进社会主义现代化建设事业的必然要求。面对国际国内的新形势、新任务和各种挑战，要顺利推进社会主义现代化事业，经受住各种困难和风险的考验，谱写出国家发展、民族振兴的新篇章，关键取决于党，取决于各级领导队伍以及领导队伍的素质和能力，归根到底取决于一代又一代年轻干部的健康成长。

要牢固树立"事业至上"的观念，从全局和战略的高度出发来看待培养选拔接班人的问题，树立"识人要重大节""用人要看主流、看本质、看发展"的观念，全面、正确、客观地看待年轻干部；树立"选人用人失误是过错，埋没、耽误人才同样是过错"的观念，敏锐地发现人才，及时地起用实践证明是优秀的年轻干部；树立"经验来自实践，早压担子早成才"的观念，大胆把群众公认的优秀年轻干部放到重要岗位上去；树立"注重实绩、竞争择优"的观念，不拘一格选拔优秀人才。[①]

对年轻干部，要克服片面追求"完人"的用人观点，只要基本素质是好的，有发展潜力、群众拥护的，就要坚持"当自其壮年心力精强时用之"的用人之道，特别优秀的年轻干部，可以破格提拔使用，尽量使干部成熟度与起用时机相一致，尽早尽快起用处于最佳使用期的干部。对年轻干部也要坚持能上能下，及时淘汰相形见绌者，使真正优秀的年轻干部能够脱颖而出。

二、大力培养高校领导队伍

（一）规范高校领导队伍挂职锻炼的制度

干部挂职锻炼工作的特殊性要求相关部门和单位必须明确职责，分工协作，充分发挥各自的职能，对挂职干部严格管理、全程管理，使干部挂职锻炼工作达到预期的目的。首先，干部管理部门要建立起一套科学合理、行之有效的管理体制和办法，确保管理工作制度化、经常化，使挂职干部管理工作有章可循。其次，派出单位和接收单位要按照管理办法切实发挥各自的职能和职责，结合实际工作加强对挂职干部的日常管理，明确岗位职责，使挂职干部有一种强烈的责任感和压力感。再次，挂职锻炼工作中的各个主体要纵横协调，密切联系。如干部管理部门定期对派出单位、接收单位、挂职干部个人的工作情况进行督查；派出单位和接收单位密切联系，随时互通情况；挂职干部个人定期向派出单位和接收单位述职汇报等方式方法，调动各方面积极因素，形成整体互动，保证挂职锻炼工作有条不紊地按照预定的目标和方向发展。

---

① 孙丽华. 建立三个机制加强高校领导干部队伍建设 [J]. 文教资料，2007(31)：79~81.

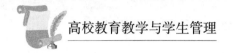

(二) 明确高校领导队伍挂职锻炼的政策

明确高校领导队伍挂职锻炼的政策措施是做好干部挂职锻炼工作的重要保证。通过制定领导队伍挂职锻炼的政策措施，使挂职干部明确目标任务、原则方法，珍惜锻炼机会，以饱满的工作热情和良好的精神状态积极投身到实践锻炼中去，能使挂职干部进一步强化干部求知意识、创新意识和务实意识，不断调整优化工作思路，转变工作作风，增强实际工作能力。

高校领导队伍挂职锻炼的政策措施主要包括两个方面：一是接收单位必须认真履行管理职责。要根据挂职岗位的工作需要给挂职干部下任务、压担子，同时，要关心挂职干部的身心健康，帮助他们解决工作、学习和生活中的实际困难。要力戒"临时"思想和"客人"观念，大胆使用挂职干部，加强对挂职干部的管理，使他们能够真正参与到工作实践中去，把工作拿在手上，全身心地投入到实践锻炼中去。二是干部管理部门和派出单位要建立健全有效的考核反馈机制。根据考核情况公开考核反馈是干部挂职锻炼工作十分重要和必不可少的一个关键环节，是加强对挂职干部教育管理的一种主要形式和途径。因此，必须进一步完善干部挂职锻炼工作的考核反馈机制，明确考核反馈的原则、内容和方法，强化考核反馈的教育、管理和监督作用，通过对挂职干部和相关单位进行定性和定量考核反馈，增进组织部门与挂职干部的思想交流和沟通，肯定工作成绩，指出缺点和不足，明确努力方向，激励挂职干部的工作热情。

(三) 构建高校领导队伍挂职锻炼的平台

对于一名挂职领导干部，必须要不断提高科学判断形势的能力、驾驭市场经济的能力、应对复杂局面的能力、依法行政的能力和总揽全局的能力。因此，要构建高校领导队伍挂职锻炼的平台，使每位干部都有锻炼的机会，并且在锻炼中不断提高坚持政治方向的能力、提高辨别是非的能力、解决复杂问题的能力、密切党群干群关系的能力。通过挂职锻炼，干部能够从不同角度、不同视野看待事物，增强分析问题的方法以及决策的科学性、工作的实效性。因此，要为干部挂职锻炼搭建平台，结合高校实际，组织挂职干部对高等院校改革、发展和稳定中的重要问题进行调查研究或理论研讨，全面培养和提高干部的能力。

三、加大高校领导队伍交流力度

(一) 实行调整性交流

调整性交流主要根据领导队伍的状况以及领导队伍的年龄、专业知识结构、工作能力和任职状况等因素来确定交流对象 (包括换届或集中调整及个别调整)。一个干部如果在一个班子或岗位任职过久，易形成复杂的人际关系，也可能会产生凭经验办事、创新精神不足的问题。在这种情况下，就需要推行调整性交流。通过干部交流，使干部到了新岗位、新环境，比较注意谨慎处事，能及时纠正工作中的偏差。

调整性交流，还能更好地优化领导队伍结构。好的领导队伍，是每个单位事业发展的内动力。交流是优化领导队伍结构的重要途径。在实施交流前，要对领导队伍的结构进行分析，找出班子中文化层次、年龄层次、专业知识、性格趋向等缺项，本着取长补短、优势互补的原则，通盘考虑。采取"内选、外调、下派、上调"等方式交流干部，从而达到干部年龄上梯次配备，专业上合理搭配，知识和经验优势互补，使领导队伍整体水平及时得到改善，增强整体功能。

(二) 实行换岗性交流

有的干部在原单位、岗位难于发挥自己的特长和作用，需要交流到更合适的岗位，才能发挥更大的作用，做到人尽其才，这就是换岗性交流 (包括调整领导队伍成员分工)。换岗性交流可采取多种形式，如：从行政各职能部门交流一些干部到教学部门工作，让他们到教育工作的主战场上去建功立业；从党委工作部门向行政职能部门交流，以提高领导队伍驾驭教育管理工作的能力等。

实行换岗性交流，可以为领导队伍提供新的认识和实践的环境。新的环境会有新的压力，促使干部去思考，去学习，去探索，从而获得新知识，增长新才干，提高适应新环境的应变能力。从学校基层交流到学校机关，可以使思维方式从微观到宏观，学会站在更高层次去分析处理问题；从学校机

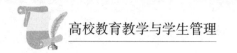

关交流到学校基层，则可更多地了解下情，增强处理实际问题的能力；从这个单位交流到那个单位，又可以打破原来单位的一些思维定式，从另一个角度获取新知，并把单位间共通的东西总结出来，提高领导水平。如果领导队伍长期不交流、轮岗，就很难有新的提高。

(三) 实行培养性交流

干部的成长，特别是年轻干部的成长，需要多岗位、多层次锻炼，才能开阔视野、丰富领导经验、提高综合领导能力。培养交流的主要对象是有发展潜力的优秀中青年干部，对他们要进行提拔交流和培养性交流。具体说来，在本校基层提拔起来的，到外校任职；缺乏基层工作经验的，派到基层任职；没有领导工作经验的，可到上级机关开阔视野，使年轻干部在内在动力和外在压力的相互作用中得到锻炼，不断成长。

培养性交流，目的就是在干部交流过程中发掘担当重任的优秀人才。干部交流，一方面对干部是一个再培养的过程，它使交流的干部适应不同的工作环境，改变自己的工作方式，形成不同的经验积累；另一方面对原有班子成员也具有一定的培养功效，它使新的班子成员进行配合、磨合，互相学习，构成新的工作思路。因而，干部交流对一个班子的作风和学校的新校风也是一个培养和形成的过程。主要领导人的交流，会有新的工作思路，新的工作作风，对学校的校风也会有所影响。

四、加强高校领导队伍监督管理

(一) 建立健全科学规范的选拔任用机制，把好高校领导队伍入口关

1. 推进竞争上岗、公开选拔制度

在现行社会大环境下，高校要积极推行并完善竞争上岗制度。要通过竞争上岗工作，优胜劣汰，把工作表现好能力强的同志充实到高校的领导队伍中来，使高校领导队伍年龄、专业知识结构得到优化。

要通过推行竞争上岗工作，克服选人用人方面的不正之风，打破论资排辈、平衡照顾、评价干部模式单一的情况，拓宽选人用人的视野。要通过跨高校、跨部门竞争上岗工作，实现现有人才资源的合理配置。要通过竞争

上岗为高校教师展示自己的才干提供机遇，使那些符合条件、有志于为党和人民的教育事业勇挑重担的人，都获得一试身手、一比高低的平等机会，也使每一个干部认识到，要想自己有更大的发展，要想为国家为人民做出更大的贡献，就必须在提高思想政治素质、业务素质、科研能力等方面狠下功夫，把精力和时间都集中到加强学习，勤奋工作，创出实绩，增强自身的竞争能力上来。

2. 推进选拔干部考察预告、讨论干部无记名投票制度

实行选拔干部考察预告制度是贯彻执行《条例》，坚持群众公认原则，进一步推进和深化干部人事制度改革，拓宽干部群众反映问题的渠道，增强选拔任用领导队伍工作的透明度，落实群众对干部选拔任用的知情权、参与权、选择权和监督权的一项重要举措。

高等学校高级人才云集，对提拔领导队伍，群众广泛关注。提名拟任领导职务应进行考察预告。预告内容包括考察任务、对象及拟任职务、内容与方式、谈话范围；考察组成员的姓名、职务(职称)、办公地点、联系电话、工作时间；群众反映问题的方式等。预告时间一般为 7 天。由考察对象所在的院校、部门通过告示等形式进行预告。也可通过校园媒体中的校园网、校报、校园广播进行预告。

高校党委会议讨论任免干部，均实行无记名投票表决制度。党委会议讨论决定干部任免事项，必须有三分之二以上的委员到会。到会委员在对拟任免人选逐一进行充分酝酿讨论的基础上，按照一人一票的平等权，填写《任免干部表决票》，对所有拟任免人选进行一次性无记名投票表决。表决内容分为同意、不同意、缓议三种情况，每位委员均要填写明确意见。各位委员在会上要认真讨论，防止出现用投票表决代替民主决策的简单化倾向。党委班子成员要树立民主讨论的良好风气，坚持民主集中制原则，坚持在表决前进行充分的讨论，委员们要认真负责地发表意见，以便集思广益，民主、科学地决策。拟任免人选得到的同意票超过应到会委员的半数的，做出任免决定；对不同意票超过半数的拟任人选，一年内不再以同一拟任职务提名推荐。在会议讨论阶段，遇有对拟任免人选意见分歧较大时，经会议主持人提议，可以暂缓表决。对影响做出任免决定的问题由校党委组织部牵头及时调查清楚，在下次党委会议讨论决定任免干部时进行报告。

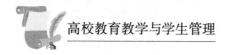

（二）坚持集体领导和个人分工相结合的原则，正确行使其权力

1. 不断完善集体领导和个人分工负责相结合的制度

建立集体领导和个人分工负责相结合的制度，是贯彻党的民主集中制的一项重要措施，是党组织决策正确和决策的正确执行、实现党的正确领导、防止个人决定重大问题和个人分工不负责现象的重要保证，是民主集中制在党的组织工作和领导活动中的具体运用。贯彻民主集中制，必须坚持正确的集体领导，必须实行科学的个人分工负责制，必须正确处理集体领导和个人分工负责的关系。

实行集体领导和个人分工负责相结合的制度，就是凡涉及党的路线、方针、政策的大事，重大工作任务的部署，重要干部的任免、调动和处理，群众利益的重要问题，以及上级领导机关规定应由党委集体讨论的问题，应根据情况分别提交党的委员会或常委会集体讨论决定，然后分工负责贯彻执行。实行这一制度，既能使党委的集体领导建立在党委委员个人分工负责的基础之上，又能使每个委员所分工的各项工作在党委统一领导下有效地进行。

集体领导和个人分工负责，二者不可偏废。要明确党委成员中每个人对一定事物所承担的具体责任，做到事事有人管，人人有专责。凡已有明确规定和职权范围内的事情，应由分管的同志独立负责地去处理，充分发挥党委成员应有的作用。要提倡领导队伍敢于负责的精神，反对遇事推诿、互相扯皮和无人负责。党委成员既要根据集体的决定和分工，切实履行自己的职责，又要关心全局的工作，积极参与集体领导，做到分工不分家，互相协助，充分发挥党委的整体效能。

集体领导与个人分工负责是既相区别又相依存的有机统一体。集体领导主要是对重大问题的决策而言，重大问题的决策权属于党委集体，个人分工负责主要是对集体决策的实施而言，集体决策的事项按照领导队伍成员的责权范围，由个人负责实施。在高校的集体领导与个人负责相结合的制度中，校党委为集体领导，党委委员有明确的分工。党委书记作为"班长"，全面主持党委工作，在集体领导中负有重要责任。校长是学校的法定代表人，全面负责行政工作。党委书记和校长都必须坚持原则，把握全局，团结同志，相互支持，加强修养，以身作则，依法各司其职，共同管理好学校。在学校重大问题上，党委书记和校长要经常交流思想，沟通情况，达成共识，步调一致。副书记及党委常委协助书记做好党委工作；副校长、参与行政分工的党委常委及校长助理协助校长做好分管的行政工作。书记和校长要尊重他们的意见，充分调动其工作积极性。副书记和党委常委既要在书记的带领下做好分管的工作，又要从全局出发，积极参与集体决策，并相互配合做好相关工作。

2.逐步建立党务公开机制

第一，建立和完善党内情况通报制度。这是坚持和健全民主集中制的具体措施，是实现决策民主化和科学化的有效途径，是强化党内监督，防止和消除腐败现象的实际步骤。建立和完善党内情况通报制度，必须明确目的，找准着力点，突出规范性，增强时效性，体现程序性，确保有效性。首先，必须明确党内情况通报制度的内容，使广大党员应当知道的事情能够及时知道，如情况通报的主要内容可以包括重大问题通报、评先评优通报、警示通报、季度性工作通报、社会性工作通报等。其次，要规定时限要求，要根据通报内容的不同性质和特点规定时限，一般性工作一个月或一个季度做一次情况通报，重要或紧急的工作要及时通报。第三，要规范党内情况通报制度的程序。党内情况通报制度，要规范通报对象、通报范围、通报方式、通报步骤，细化通报的过程，特别是涉及学校改革和发展的重大事项、重大决策、重要举措，不仅党内要通报，还要及时在党外通报。第四，健全党内情况通报的监督保障机制。建立健全监督保障制度，以避免党内情况通报制度在执行过程中的随意性。

第二，要建立和完善党内情况反映制度。首先要明确党内情况反映制度的内容。情况反映制度的主要内容可以包括党员个人向党组织的思想汇报和情况反映，党内思想倾向的反映，各项工作落实情况的汇报反映，党内作风方面的情况反映，党外人士和群众对党员、干部、党组织的意见、建议和要求方面的情况反映等。其次要规定时限要求。党内情况反映制度，要保证基层党员群众在第一时间反映问题，提高情况反映的效率。要建立首问负责制，接受反映者要及时向领导或上级组织汇报，不能截留，确保基层党组织实事求是地反映问题，不能报喜不报忧。特别是对事关大局、事关群众利益

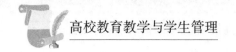

的重大问题，要按规定及时上报。

第三，要建立和完善党内重大决策征求意见制度和党务公开的制度。重大决策可以包括贯彻落实党的路线和教育方针以及上级决定的事项，事关学校全局性、政策性的问题，按照干部管理权限应该由集体讨论的干部的任免、调动和处理，涉及群众利益的问题等。建立和完善重大决策征求意见制度要规定时限要求。重大决策征求意见制度在时限方面要给征求意见和参与决策的党员群众充分的时间，不能走过场，要及时跟踪调研决策执行情况，并适时总结。建立和完善党内重大决策征求意见制度要规范程序。在规范程序方面，重大决策征求意见制度主要是在征求意见的方法和步骤上进行规范，如：实行预告制，在时间上把征求意见的程序前置，把需要广泛征求意见的决策进行预告；实行决策内容通报制，把需要决策的内容，根据征求意见的范围，提前下发。

（三）完善干部监督机制，加大干部监督管理力度

1. 以思想教育为基础，强化自我监督

首先，要充分认识加强对领导队伍监督的重要意义，把党和人民对自己的监督变成内在的需要，变成自我监督的自觉行动。其次，领导队伍应增强自我监督的责任感。强化领导队伍的自我监督，是党和人民交给每个领导队伍的重要任务，是做一名合格领导干部的重要职责，也是党和人民群众对自己干部的信任。领导队伍搞好自我监督，也是对党对人民高度负责的表现，这是对党的理想、目标和历史使命必须承担的责任，这种责任就是我们搞好自我监督的强大内动力。第三，领导队伍要经常自我反省。像古人那样"吾日三省吾身"。一个人只有经常进行自我反省，才能发现自己灵魂深处的斑迹，进而想办法清除它。第四，领导队伍应自觉做到"慎独"，永远保持清正廉洁。在这方面，要经常用反面典型给自己敲警钟，自觉用党规党纪规范自己，努力使自己思想中的先进成分始终占主导地位，从而控制自己的思想发展方向，把握思想发展尺度。第五，加大处罚的震慑力，以警示领导队伍时刻自我监督。要严格执纪执法，不能以罚代法。要通过社会舆论的强大威力，激发领导队伍自我监督的活力，切实把自我监督工作落到实处。

2. 以政治素质为重点，强化上级监督

上级对下级的监督是目前较为有效的一种监督方式。上级对下级的监督方式是干部管理体制所决定的。按照现行干部管理体制，上级管理下级，上级监督下级，既是上级义不容辞的职责所在，也更具有监督的权威性。因此，上级组织和领导要切实负起监督责任，使监督经常化、制度化。一是上级主管部门领导要尽可能深入基层，深入实际，多与下级接触，经常开展谈心活动，及时了解和掌握学校领导队伍的思想和工作情况，正确引导学校领导队伍成员开展批评和自我批评，发现不良苗头，及时进行警示和提醒，及时纠正存在的问题和不足。二是坚持好领导队伍民主生活会制度、诚勉制度、重大事项报告制度、个人财产收入申报制度、定期述职述廉、任职审计、离任审计、岗位轮换等制度，定期进行检查，使之落到实处。三是上级有关部门要加强与所管理的高校主要领导队伍的联系，按责任制要求，加强监督和考核。对业绩突出、群众拥护的校级领导及时给予表扬和奖励。对群众意见比较大、存在问题多的校级领导，要及时进行批评教育，对出现严重问题的及时进行严肃处理。

3. 以拓宽渠道为途径，强化群众监督

一是要扩大校务公开的范围，保证师生员工的知情权。对重大问题的决策原因、决策依据、决策执行过程和结果，特别是涉及学校发展战略、中长期发展规划、学校改革方案、干部的选拔任用、财务预决算、教职工引进录用、职称评定、岗位津贴发放办法、住房政策、校级干部廉洁自律、招生、收费等师生员工关注的事项，只要不涉及保密问题，则应做到条件、标准、程序、政策、结果的全方位公开。二是要建立决策项目预告制度、重大决策征求意见制度。凡属重大问题，决策前要提前在全校范围内公告，力求组织师生员工进行讨论，召开各种类型的座谈会，充分听取专家和师生的意见。三是要针对高校特点，增加公开的形式和渠道。如针对广大教师不坐班的特点，启动多媒体手段，随时接受广大群众咨询和监督；公布校领导信箱、咨询和监督电话；建立校务公开栏、公告栏、橱窗、墙报和报刊、广播、电视、校园网等，随时发布学校情况；建立定期向离退休老同志、教职工、民主党派和无党派人士通报校情制度；通过学校党政有关会议和校务委员会、各类学术委员会、职代会、教代会、学生会、家长会等通报相关校务。从而使学校的管理更加公开和透明，扩大教职工的知情权、参与权、监督权和评议权，真正体现民主化、制度化和科学化。

4. 以事前防范为措施，强化日常管理和监督

第一，以思想教育为基础。一是高校领导队伍的上级主管部门要利用高校领导队伍培训、党风廉政建设等相关会议。二是通过制发文件、媒体宣传等形式，对执行高校领导队伍个人重大事项报告制度的意义进行广泛宣传，对高校领导队伍个人重大事项报告制度的执行对象、报告内容、受理程序及其重要意义等做进一步说明和强调。

第二，以制度建设为根本。要进一步建立健全高校领导队伍报告个人有关事项实施办法，对报告对象、报告内容、报告程序、组织审核、监督检查等主要环节做出明确的规定，细化要求，增强操作性。只有这样，才能切实提高领导队伍执行重大事项报告制度的自觉性。

第三，以责任落实为关键。一是将高校领导队伍执行重大事项报告制度的情况纳入党风廉政建设和班子民主生活会的重要内容，定期对执行情况进行通报。并要求各高校"一把手"做出表率，带头执行并切实承担领导责任。二是把高校领导队伍执行重大事项报告制度的情况列入对高校领导队伍和领导队伍考核评价的重要内容，并将执行结果与干部本人的使用、提拔、奖惩挂钩。

第四，以督促检查为保障。通过采取定期督促、检查考核的办法，形成有力的制约机制，确保将各项制度规定的事项落到实处。一是发放报告表时，要求各高校的纪检、组织干部配合高校党政主要领导做好制度的落实和宣传解释工作，督促高校领导队伍认真填写报告表并及时报送上级主管部门。二是结合党风廉政建设任务考核和领导队伍廉政测评、高校领导队伍年度考核和班子民主生活会的督查，不定期对制度执行情况进行检查。对发现的问题，采取批评教育、限期改正、责令做出检查、诫勉谈话、通报批评等方式予以纠正。

第四章　大学生管理

第一节　大学生管理的内涵与价值

一、大学生管理的内涵

研究大学生管理，首先就要明确其内涵。而要全面、深入地把握大学生管理的内涵，就要弄清大学生管理的含义，了解大学生管理的特点，明确大学生管理的目标。

（一）大学生管理的含义

管理，就其字面意义而言，就是管辖、处理的意思。管理的涉及面极其广泛，人们往往按照某种需要、从某种角度来看待和谈论管理，因此，对管理也就形成了多种不同的解释。即使是在管理学界，对管理也有多种不同的定义。有的从管理职能和过程的角度，认为管理是由计划、组织、指挥、协调和控制等职能为要素组成的过程；有的强调管理的协调作用，认为管理是在某一组织中，为完成目标而从事对人与物质资源的协调活动；有的突出组织中的人际关系和人的行为，认为管理就是协调人际关系，激发人的积极性，以达到共同目标的一种活动；有的从决策在管理中的重要地位的角度出发，认为管理就是决策；有的从系统论的角度出发，认为管理就是根据一个系统所固有的客观规律，施加影响于这个系统，从而使这个系统呈现一种新的状态的过程。这些不同的定义，从各个不同的角度揭示了管理活动的特性。

综合上述各种观点，我们可以对管理的概念做如下表述：管理是在一定的社会组织中，人们通过决策、计划、组织和控制，有效地利用人力、物力、财力、时间和信息等各种资源，以达到预定目标的一种社会活动过程。

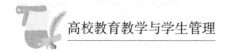

(二) 突出的教育功能

大学生管理是高等学校人才培养工作的重要组成部分，因此，大学生管理既具有管理的属性，又具有教育的属性，有着突出的教育功能。

大学生管理的目标服从和服务于大学生教育的目标。大学生是为了接受大学教育而跨进大学之门的，大学生管理则是高等学校为实现大学生教育目标，促进学生圆满完成大学学业而实施的特殊管理活动，因此，大学生管理的目标必然服从和服务于大学生教育的目标。一方面，大学生教育目标是制定大学生管理目标的基本依据。实际上，大学生管理目标也就是大学生教育目标在大学生管理活动中的贯彻和体现，是其在大学生管理领域的分目标。离开了教育目标，大学生管理也就偏离了方向。另一方面，大学生教育目标的实现有待于大学生管理目标的实现。大学生管理是实现大学生教育目标的重要手段，只有通过有效的管理，建立和保持正常的教育教学和生活秩序，充分调动大学生学习的积极性和主动性，为大学生提供各种必要的指导和服务，才能保证学校教育教学活动的顺利进行和学生的健康成长。没有有效的大学生管理，教育目标也就不可能实现。

教育方法在大学生管理方法体系中具有突出的作用。教育方法是包括大学生管理在内的现代管理活动中最经常、最广泛使用的一种基本手段。这是因为，一切管理活动都离不开人，而人是有思想的，人的活动总是由一定的思想意识支配的。任何管理活动都要坚持思想领先的原则，注意做好人的思想工作，通过影响人的思想去引导和制约人们的活动。而大学生管理作为大学生教育和培养工作系统中的一个重要组成部分，也就必然要更加注重运用教育的手段，以增强大学生管理的实效性。同时，教育方法也是大学生管理中其他方法顺利实施并收到实效的基础。大学生管理的法律方法、行政方法和经济方法的实施，一般都要伴之以思想道德教育，才能收到良好的效果。

大学生管理过程同时也是教育大学生的过程。高等学校是教育和培养专门人才的场所，高等学校的一切工作都应当对学生起到良好的教育和影响作用。直接面向大学生所实施的大学生管理工作，当然更是如此。事实上，在大学生管理过程中包含着十分丰富的教育因素。大学生管理过程中所贯彻的以人为本、民主法制、公正和谐的理念，所体现的从学校和学生的实际出发、遵循教育规律和管理规律、实事求是的科学精神，所采用的民主管理、依法管理、科学管理的方法等都会对学生起到潜移默化的影响。大学生管理过程中所实行的依据大学生成长成才的规律和要求制定的各项规章制度，都会对大学生起到思想导向、动机激励和行为规范的作用。大学生管理过程中管理人员的情感、态度和言行也会对大学生起到表率和示范作用。可见，大学生管理的过程同时也是教育学生的过程，并直接影响着大学生思想品德的形成与发展。

(三) 鲜明的价值导向

大学生管理总是为一定社会培养人才提供服务的，大学生管理的目的、管理体制和管理形式总是受到社会的经济基础、政治制度和意识形态的制约。因此，大学生管理必然具有鲜明的价值导向，它总是贯穿并体现着一定社会的主导价值体系，并直接影响着大学生价值观的形成、变化与发展。我国是人民民主专政的社会主义国家，我国的高等学校是为社会主义建设事业培养专门人才的。这就决定了我国的大学生管理必然要坚持社会主义的价值导向。

(四) 显著的专业特色

大学生管理传统上是经验性的事务型工作，但由于大学生管理有其特殊的管理对象、特殊的内在规律和特有的方法体系，决定了必须形成大学生管理专业视角、使用专业方法、形成专业研究模式。因此，大学生工作管理是专业性很强的工作。

第一，大学生管理有其特殊的管理对象。大学生管理的对象是大学生，而大学生则有着区别于一般管理对象的显著特点。一是大学生是具有高度自觉能动性的人。大学生具有强烈的自主意识、突出的独立意向和较高的智力发展水平，崇尚独立思考，要求自主自治。在大学生管理过程中，大学生不仅仅是接受管理的对象，也是积极活动的主体。二是大学生是正处于成长和发展关键时期的人。他们的心理日趋成熟但还尚未完全成熟，智力迅速发展，情感日益丰富，自我意识显著增强，但又存在着诸如理智与情绪的矛盾、自我期望与自身能力的矛盾等心理矛盾。他们正处于思考、探索和选择之中，世界观、人生观和价值观正在形成，思想活动具有显著的独立性、敏感性、多变性、差异性和矛盾性。三是大学生是以学习为主要任务，并在教师的指导下进行自主学习的人。大学生的主要职责是学习，大学生的学习是由教师指导的、按照一定的制度和规定有目的、有计划、有组织地进行的。同时，大学生可以按照学校的有关规定自主地选修课程，自主地支配大量的课外学习时间。因此，大学生的学习不仅需要掌握科学的学习方法，而且需要高度的学习自觉性和有效的自我管理。这就要求大学生管理紧紧围绕大学生的学习任务，切实加强对大学生学习行为的指导和管理。

第二，大学生管理有其特殊的内在规律。这是由大学生管理自身的特殊矛盾决定的。大学生管理的特殊矛盾就是社会基于对专门人才的需要而对大学生在行为方面的要求与大学生行为实际状况之间的矛盾。这一矛盾存在于一切大学生管理的活动之中，贯穿于一切大学生管理过程的始终，决定着大学生管理的全局。它构成了大学生管理的基本矛盾，也是大学生管理区别于其他社会实践活动的特殊矛盾。大学生管理就是为解决这一矛盾而专门进行的特殊社会实践活动。因此，大学生管理作为一种管理活动，固然要遵循管理的一般规律，但又有其区别于其他管理活动的特殊规律。大学生管理作为一种人才培养的手段，固然要遵循教育的一般规律，但又有其区别于其他教育活动的特殊规律。这就需要对大学生管理的特殊规律，进行专门的探索和研究，大学生管理理论研究的任务，就是要揭示大学生管理的特殊规律。

第三，大学生管理有其特有的方法体系。大学生管理所具有的特定的管理对象和特殊的管理规律，决定了大学生管理有其特有的方法体系。由于大学生管理工作涉及面极其广泛，具有很强的综合性，因此需要掌握管理学、教育学、心理学、社会学等多方面的理论方法和技术。但大学生管理的方法体系又不是这些学科方法和技术的简单拼凑和机械相加，而是需要在系统掌握这些学科理论、方法和技术的基础上，针对大学生的特点，依据大学生管理的特殊规律和具体实际，把它们有机地结合起来加以综合运用，从而形成自己特有的方法体系。

二、大学生管理的价值

(一)大学生管理的社会价值

1. 维护正常的教育教学秩序

高等学校的教育教学活动总是按照一定的制度和规章有目的、有计划、有组织地进行的，建立和维护正常的教育教学秩序是高等学校教育教学工作的内在要求和基本条件。这就需要有严格的、科学的管理，包括大学生管理。大学生管理在维持高等学校教育教学秩序中具有特殊的重要作用。在大学生管理中，实行严格的学籍管理，按照一定的制度和规定，有序地做好有关学生入学与注册、课程和各种教育环节的考核与成绩记载、转专业与转学、休学与复学、退学、毕业与结业等各项工作，是建立正常的教育教学秩序的基础。实施系统的学习管理，引导学生明确学习目的，提高学习的主动性和自觉性，规范学生的学习行为，督促学生自觉遵守学习纪律和考试纪律，形成良好的学风，是建立正常的教育教学秩序的关键。加强对学生班级、学生社团等学生群体的管理，引导学生紧紧围绕学校的教育教学目标，有序地开展班级活动、社团活动和其他课余活动，是建立正常的教育教学秩序的重要条件。

2. 激励、指导和保障学生的学习行为

高等学校教育教学的过程是教师与学生双向互动、"教"与"学"辩证统一的过程。其中，"教"是主导，"学"是关键。学习是大学生的主要任务，是大学生能否成为合格人才的关键。而大学生管理则对大学生的学习行为起着重要的激励、指导和保障作用。大学生管理对学生学习行为的激励作用主要表现在：引导学生充分认识大学学习的社会意义和个体价值，明确学习目的，以激发学生的学习动机；运用颁发奖学金和授予荣誉称号等方式，表彰学业优秀的学生，以鼓励学生勤奋学习；把竞争机制引入学生的学习活动之中，围绕学生的专业学习，组织各种竞赛活动，以激发学生的学习热情。[1]大学生管理对学生学习行为的指导作用主要表现在：指导新生了解大学阶段

[1] 李爱爱. 以人为本管理理念在大学生管理中的应用研究 [J]. 兰州交通大学学报，2013(7)：97.

学习的特点和要求，促进他们尽快实现学习方式从被动性学习到自主性学习的转变；指导学生根据社会需求和自身实际制定职业生涯规划，确定自己的职业生涯发展方向，从而明确学习的目标；指导学生掌握科学的学习方法，养成良好的学习习惯，不断提高自主学习的能力和学习效率；指导学生积极开展社会实践活动，注重在实践中加深对专业理论知识的理解，在实践中提高自己的专业技能。大学生管理对学生学习行为的保障作用主要表现在：加强资助管理，切实做好助学贷款和助学金的发放工作，组织和指导学生的勤工助学活动，为家庭经济困难学生安心学习、顺利完成学业提供必要的经济条件；开展学生学习心理的辅导，帮助学生克服学业焦虑等各种消极心理，以积极健康的心态对待学习等。

3. 培养学生的思想品德

中国特色社会主义建设所需要的合格人才不仅要具备良好的专业知识和能力素养，还要具备良好的思想品德。所谓思想品德是指人在一定的思想体系指导下，按照社会的言行规范行动时，表现在个人身上的相对稳定的特征。它是以心理因素为基础的思想与行为的统一体。培养大学生良好的思想品德，不仅需要深入细致的思想政治教育，还需要有效的管理。这是因为人们良好思想品德和行为习惯的形成，有一个由他律到自律的过程。大学生各方面还未成熟，发展尚未稳定，加之各个学生的思想基础不同，接受教育的主动性、积极性和自觉性各不相同，因此，大学生自我管理、自我约束的能力尚有欠缺并存在差异。要帮助大学生提高自理、自律的水平，使他们能够自觉地遵循社会的思想规范、政治规范、道德规范和法纪规范，并形成良好的行为习惯，就必须在加强思想政治教育的同时，加强对大学生各方面的管理，注重大学生日常行为规范的训练。通过大学生管理，科学制定并严格执行各项规章制度，强化行为管理和纪律约束，使大学生的学习、交往等各方面的行为都能够按照一定的规范有序地进行，不仅有助于培养大学生良好的行为习惯，也可以为思想政治教育创造良好的环境条件，从而增强思想政治教育的效果。

(二)大学生管理的个体价值

1.引导方向

(1)引导政治方向

政治方向是政治立场、政治观念、政治态度、政治品质和政治信念的综合体,是人的素质中的首要因素,决定着人们思想和行为的基本倾向。我们党历来强调在人才培养中必须把坚定正确的政治方向放在第一位。引导大学生确立坚定正确的政治方向即坚持中国特色社会主义的方向,是高等学校的一项极为重要而又十分紧迫的任务。要实现这一任务,首先要加强大学生思想政治教育,同时,也要加强大学生管理。这是因为大学生管理的社会属性决定了大学生管理必然具有鲜明的政治方向性并对学生的政治方向发挥引导作用。事实上,我国《普通高等学校学生管理规定》和《高等学校学生行为准则》都明确要求大学生应当"确立在中国共产党领导下走中国特色社会主义道路、实现中华民族伟大复兴的共同理想和坚定信念"。加强大学生管理,严格执行高等学校学生管理规定,引导和督促大学生自觉遵守高等学校学生行为准则,加强对大学生的行为尤其是政治行为的管理和指导,引导学生正确行使依法享有的政治权利,防止和抵制各种腐朽意识形态对大学生的影响,及时纠正校园中出现的错误倾向,维护和保障校园的政治稳定和政治安全,对于引导大学生坚持坚定正确的政治方向无疑具有重要作用。

(2)引导价值取向

价值取向是指人们基于自己的价值观在面对或处理各种矛盾、冲突、关系时所持的基本价值立场、价值态度以及所表现出来的基本价值倾向。价值取向决定和支配着人的价值选择,引导着人们思想和行为的方向。因此,引导大学生掌握社会主义核心价值体系,坚持正确的价值取向,有着尤为重要的意义。如前所说,鲜明的价值导向是大学生管理的一个显著特点。大学生管理通过坚持和贯彻体现社会主义核心价值体系的管理理念,制定和执行以培养社会主义建设合格人才为根本宗旨的管理目标体系和管理规章制度,对大学生的价值取向发挥重要的引导作用。

(3)引导业务发展方向

引导大学生确定既符合社会需要,又符合自身实际的奋斗目标,明确业务发展的方向，可以引导他们把自己的主要精力和时间投入实现既定目标的业务学习和实践活动之中，从而促进他们早日成才。大学生管理在引导大学生业务发展方向方面的作用集中表现在：通过对学生学习活动的指导，引导学生根据相关专业的要求和自己的兴趣爱好，确定专业学习的目标，从而明确在专业学习方面努力的方向；通过对大学生职业生涯规划的指导，引导学生根据社会需求、职业发展的趋势和自身的主观条件与愿望，确定自己的职业理想，从而明确自己职业生涯发展的方向。

2. 激发动力

(1) 需要激励

需要是人的行为动力的源泉，是行为动机产生和形成的基础。人的积极性的发挥及其发挥的程度，归根到底取决于其需要能否得到满足以及满足的程度。大学生管理坚持以人为本的管理理念和服务学生的管理原则，关心学生的实际需要，维护学生的正当利益，扎扎实实地为大学生的成长和发展提供各方面的指导和全方位的服务，因此，也就必然会对大学生发挥重要的激励作用。

(2) 目标激励

人的行为总是指向一定目标的，目标是人们期望达到的成果和成就，能够激发人的内在积极性，鼓励人们奋发努力。人们对目标的达成满足自身需要的价值看得愈大，估计目标能够实现的可能性愈大，目标的激发力量也就愈大。大学生管理遵循社会发展要求与大学生自身发展需要相统一的原则，科学地制定管理的目标，着力引导大学生根据社会需要和自己的兴趣爱好、主观条件合理地确定自己的学习目标和发展目标，从而对大学生发挥着重要的激励作用。

(3) 奖惩激励

奖励和惩罚是大学生管理的重要方法，其目的就是要通过运用正、负强化手段，控制大学生行为结果的反馈调节作用，以维持和增强大学生努力学习和践行大学生行为准则的主动性和积极性。奖励是通过奖赏、赞扬、信任等褒奖形式来满足大学生的需要，使其感到满足和喜悦，从而更加奋发努力的正强化手段；惩罚是通过造成被惩罚者某种需要的不满足而使其感到痛苦和警醒，从而变消极行为为积极行为的负强化手段。大学生管理通过恰当地运用奖励和惩罚，鼓励先进，鞭策后进，从而激励全体大学生奋发努力。

3. 规范行为

大学生管理的一项重要任务就是要科学制定和严格执行各项管理规章制度和纪律，以规范大学生的行为。大学生管理在规范大学生行为方面的作用，主要是通过以下三种途径实现的：

（1）加强制度建设

制度建设是大学生管理的重要内容。大学生管理中的制度建设，就是要依据社会发展要求、人才培养目标和大学生健康成长与发展的需要，科学制定和不断完善各项规章制度，使大学生明确应该做什么、不应该做什么，应该怎么做、不应该怎么做，并引导和督促大学生用于规范自己的行为，逐步形成文明的行为方式。

（2）严格纪律约束

纪律是一定的社会组织为实现组织目标而要求其全体成员必须共同遵守并赋有组织强制力的行为规范。它是建立正常秩序、维系组织成员共同生活的重要手段，是完成各项任务、实现组织目标的重要保证，因此成为大学生管理中不可或缺的重要手段。在大学生管理中，通过严格执行学习、考试、科研、集体活动、校园生活、安全保卫等各方面的纪律，以约束和调整学生的行为，并对违纪行为及时做出恰当的处罚，可以有效地引导和规范学生的行为，促进其良好行为习惯的养成。

（3）引导自我管理

自我管理是大学生管理的重要路径。自我管理的一项重要内容就是要启发学生的自觉性和主动性，引导学生自觉遵守管理制度，主动地用体现社会要求的大学生行为准则规范的行为，实行自我约束和自我监督。这种自我约束和自我监督，既表现在大学生个体的自我管理中，也体现在大学生群体的自我管理中。在大学生班级、寝室、社团等群体的管理中，充分发挥学生的主体作用，引导学生在民主讨论的基础上，形成全体成员共同遵守的规章制度，并相互监督执行，不仅有助于营造良好的群体氛围、实现群体的目标，而且有助于提高全体成员规范和约束自己行为的自觉性。

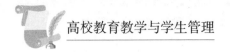

4.完善人格

(1) 优化环境影响

环境是影响大学生人格形成和发展的重要因素，对大学生的人格具有陶冶和感染的重要作用。"近朱者赤，近墨者黑"，说的就是这个道理。大学生管理在营造良好的校园环境、优化校园环境影响方面具有重要作用。大学生管理通过制定和执行合理的规章制度，建立和维护正常的校园秩序；通过有效的学习管理和班级管理，促进良好学风和班风的形成；通过对大学生交往活动的管理和引导，优化校园的人际环境；通过对大学生网络活动的管理和指导，净化校园的网络环境；通过对学生社团和学生课余活动的管理和指导，形成积极向上、丰富多彩的校园文化生活环境；通过对学生生活园区的管理和学生日常行为的指导，为学生营造安定有序、文明健康的日常生活环境等。

(2) 指导行为实践

实践是大学生人格形成和发展的基本途径。大学生所接受的各种教育影响，只有在实践中通过他们亲身的体验，才能真正为他们所理解、消化和吸收。大学生行为习惯的养成、实践能力的提高等，更是自身长期实践活动的结果。因此，大学生管理通过对大学生行为和实践活动的管理和指导，也就必然会对大学生人格的完善发挥重要作用。

第二节　大学生管理的过程与方法

一、大学生管理的过程

研究大学生管理过程，主要是要弄清大学生管理过程的含义和构成要素，把握大学生管理过程的特点和主要环节。

(一) 大学生管理过程的构成要素

大学生管理过程，就是大学生管学工作者对影响和制约大学生发展和成长的各种因素及其相互关系及时做出相应调整，以实现整体目标的过程。大学生管理过程的实质，就是要把握组织环境、管理对象变化、发展的情况，并根据组织目标，适时调节管理活动，在动态的情况下做好管理工作。充分认识和掌握管理过程，对于做好大学生管理工作具有非常重要的意义。

大学生管理过程的要素主要包括：管理者、管理对象、管理手段和职能、管理目标。管理者，即谁来管理；管理对象，亦即管理什么，包括人、财、物、时间、空间和信息等；管理手段和职能，即运用什么样的手段和方法、发挥什么样的功能和作用等，也就是如何管理的问题，包括运用行政方法、法律方法、经济方法和教育方法等基本管理方法，对管理对象进行预测、决策、计划、组织、指挥、协调、激励和控制等；管理目标，即朝着什么方向走，最终达到什么目标。这四个基本要素相互作用，缺一不可。

(二)大学生管理过程的主要环节

大学生管理过程主要包括决策、计划、组织和控制四个环节，这四个环节既相互区别又相互联系。

1. 大学生管理决策

大学生管理决策是指大学生管理工作者为了达到一定的目标，在掌握充分信息和对有关情况进行深刻分析的基础上，运用科学的方法，从两个以上的可行性方案中选择一个合理方案的分析判断过程。大学生管理决策过程包括研究现状，明确问题和目标，制定、比较和选择方案等阶段性的工作内容。

(1) 研究现状

有问题有待解决才需要决策，也就是说，决策是为了解决一定的问题而制定的。因此，制定决策，首先要分析问题是否已经存在，是何种性质的问题，这种问题是否已经对社会、对学校、对大学生自身以及未来发展产生了不利影响。分析大学生学习、生活、各种能力的培养、实践活动以及未来就业、创业等可能遇到的种种问题和面临的挑战，确定问题的性质，把问题作为决策的起点。当然，研究这些问题的主要人员应该是学校高层管理人员，这不仅是因为他们要对学校的发展负责、对学生的未来发展负责，而且由于他们在学校中所处的地位使他们能够通观全局，高屋建瓴，易于找出问题的关键所在。

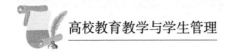

（2）确立目标

在分析了大学生学习和生活、各种能力培养、实践活动以及未来就业和创业等可能遇到的种种问题、面临的挑战或者说不协调之后，还要进一步研究针对问题将要采取的各种措施应符合哪些要求，必须达到何种效果，要明确决策的目标。这是因为确立决策目标具有以下作用：一是保证学校内部各种目标的一致性。二是为动员和分配学校的各种资源提供依据。三是形成一种普遍的思想状态或气氛，如促成一种井然有序的学习、生活秩序，形成积极投身社会实践的传统，培养一种开拓创新的良好氛围。四是帮助那些能够和学校目标保持一致的学生形成一个学习、实践活动和生活核心，同时为阻止那些不能与学校目标保持一致的学生进一步参与此类活动提供一种解释。五是促成把学校总目标和不同阶段目标转化为一种分工结构，包括在学校内部把任务分配到各个责任点上。六是用一种能够对组织各项活动的成本、时间和成效等参数加以确定和控制的方式，提供一份关于组织目的和把这种目的转化为分阶段目标的详细说明。

要确立目标，需做好以下几方面工作：一是提出目标。这一目标应该包括上限目标（理想目标）和下限目标（必须实现的目标）。二是明确多元目标之间的相互关系。大学生管理目标是多重的，但是对于不同年级、不同专业的学生来说，其目标的相对重要性是不同的。在特定时期，决策只能选择其中一项作为主要目标。然而，多元目标之间的关系是既相互联系，又可能相互排斥的，如对毕业班的大学生来说，考研究生和考公务员以及求职之间就是这种既相互联系又相互排斥的关系。因此，在选择了主要目标后，还要明确它与非主要目标之间的关系，以避免在决策的实施过程中将主要精力和时间投放到非主要目标活动中去，避免捡了芝麻丢了西瓜。三是限定目标。目标的执行有可能给学校和大学生带来有利的结果，也可能带来不利的结果。限定目标就是要把目标执行的有利结果和不利结果加以权衡，规定不利结果在何种程度上是允许的，一旦超越这一程度则必须停止原计划，终止目标活动。一般说来，不论是何种目标，都必须符合三个基本特征：能够计量、规定期限和确定责任人。

（3）做出决策

决策的关键在于选择，而要做出正确选择，就必须提供多种可供选择的方案。从实践来看，任何目标都可以通过多种不同的活动来实现，而不拟出几个实现它的抉择方案的情况是很少的。因为对于主管人员而言，如果看来只有一种行事方法，那么这种方法很可能就是错误的。在此情况下，主管人员可能就不再努力去考虑其他能够使决策做得更好的方法。

在拟方案的过程中，第一，要确保有足够多的方案可供选择。为了使方案的选择有意义，不同方案必须相互区别而不能相互包容。假如某个方案的活动能够包含在另一个方案之中，那么这个方案就失去了存在的意义和价值。第二，形成初步方案。一般说来，任何一个方案的产生都应该建立在对环境的具体分析和发现问题的基础之上，然后，根据问题的具体性质以及解决问题所要达到的目标，提出各种改进设想，并对各个设想进行分析、整理和归类，进而形成各种不同的初步方案。第三，形成一系列可行方案。在对各种初步方案进行遴选、补充的基础上，对遴选出来的方案做进一步完善，并预期其实施结果，这样便会形成一系列不同的可行方案。

（4）比较选择

要选择方案，首先要了解各种方案的优劣。为此，需要对不同方案加以评价和比较。这种评价和比较主要包括如下几方面：一是实施方案所需要的条件能否具备，具备这些条件需要付出何种成本；二是方案实施能够给学校和学生各自带来什么利益（包括长期利益和短期利益）；三是方案实施中可能遇到哪些问题，其导致活动失败的可能性有多大。根据上述评价和比较，便可以寻找出各种方案的差异，分析出各种方案的优劣。在此基础上进行的选择，不仅要确定能够产生综合优势的实施方案，而且要准备好环境发生变化时可以启用的备用方案。确定备用方案的目的是对可预测到的未来变化准备充分的必要措施和应急对策，避免在情况发生变化后因疲于应付而忙中添忙，乱中增乱，或束手无策而蒙受这样或那样的损失。

2. 大学生管理计划

大学生管理计划就是在决策既定目标的前提下，进一步根据实际情况，科学地、及时地预计和制定为达到一定的目标的未来行动方案。大学生管理计划是一种协调过程，它为大学生的当前学业和未来工作指明了方向。大学生管理计划还可以促使学生管理部门和学生管理工作者展望未来，预见变化，以及制定适当的对策，同时减少不确定性、重叠性和浪费性的活动。

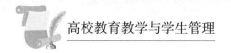

3. 大学生管理组织

个体大学生都从属于若干个学生组织。个体学生通过各种组织获得身份认同和归属感，大学也通过各种学生组织开展教育管理工作。

大学生管理机构设置是否科学合理，组织工作是否有效，直接关系到大学生的成长和未来发展，关系着大学生管理目标的实现。要有效地实施大学生管理，一定要使大学生管理组织机构科学化、合理化，为此，就需要构建一套科学的大学生管理机构并使之有效发挥其职能。

（1）大学生管理机构及其职能

目前，各高校的学生管理工作已形成了比较一致的组织结构形式，具体表现为：学校党委和学校行政—校党委副书记和副校长—学生工作处和团委—院系党总支副书记—年级辅导员—学生会。

（2）大学生管理工作者的职务设计

大学生管理工作是集理论性、知识性、实践性、时代性和时效性于一体的工作，它致力于大学生的成长和发展，应该成为一种专门的职业。学生管理工作者既应该是学生教育管理服务工作的多面手，又应该是学生就业指导、生活学习指导、成才指导、心理咨询、形势与政策教育等方面的专业人才，唯有如此才能满足学生管理工作的需要，提高管理成效。在实际工作中，不仅能应付日常事务，还要认真研究学生工作中出现的新问题，要像专家和学者那样，把学生管理工作当作一种事业去经营、去追求，掌握学生管理工作的规律和艺术，成为学生管理工作方面的专家学者。

（3）大学生管理队伍的人员配备

为了进一步提高高校学生管理的水平和成效，各高校应该根据教育部的要求和实际工作需要，科学合理地配备足够数量的学生管理工作队伍，在保证数量的基础上，专兼职相结合，不断优化结构。目前，各高校的学生管理工作基本上采取院系主要负责制，由院党委副书记、专职辅导员及兼职辅导员协同工作。此外，基于目前大学生就业形势的日益严峻，不少高校在大学生管理队伍中尝试配备职业指导人员，旨在为大学生成功就业提供指导和必要的帮助。

4. 大学生管理控制

大学生管理控制是对大学生管理的计划、组织等管理活动及其效果进行测量和校正，以确保组织目标以及为此而拟定的计划得以实现的有效手段。大学生管理控制是大学生管理机构和每一位大学生管理工作者的重要职责。

二、大学生管理的方法

科学实施大学生管理，不仅要系统把握大学生管理的过程，还要掌握行之有效的管理方法。大学生管理的方法是复杂多样的，各种方法都有其特殊的作用和特点。全面掌握和正确运用大学生管理的方法，是提高大学生管理效率的关键。

(一) 大学生管理方法的内涵

大学生管理方法，是指在管理活动中为实现管理目标、保证管理活动顺利进行所采取的工作方式。管理方法是管理过程中不可缺少的运作工具，它来自管理实践，而又与管理理论的形成有着密切的关系。从某种意义上说，现代管理理论中一个又一个学派的出现，无不标志着管理方法的一次又一次创新。

管理方法作为管理理论、管理原理的自然延伸与具体化和实际化，是管理原理指导管理活动的必要中介和桥梁，是实现管理目标的途径和手段，管理理论必须通过管理方法才能在管理实践中发挥作用。[①] 管理方法的作用是任何管理理论、管理原理都无法替代的。如今，管理方法在吸收和运用多种学科理论和知识的基础上已逐步形成了一个相对独立、自成体系的领域。

(二) 大学生管理的主要方法

1. 目标管理的方法

目标管理是 1954 年由管理大师彼得·德鲁克提出来的。德鲁克认为，为了充分发挥不同组织成员在计划执行中的作用，协调他们的努力，必须把组织任务转化成总目标，并根据目标活动及组织结构的特点分解为各个部门和层次的分目标，组织的各级管理人员根据分目标的要求对下级的工作进行指导和控制。目标管理要求组织内的每一个人、每一个部门全力配合实现组

[①] 董海林，龚荒 . 大学生创业管理 [M]. 徐州：中国矿业大学出版社，2017：6.

织的目标，对于分内的工作自行设定目标，决定方针，编订制度，以最有效能的方法达成目标，并经由检查、绩效考核、评估目标达成状况及尚需改善之处，作为后续目标设定的参考依据。

（1）目标管理的程序

第一，设定目标。设定目标包括确定学校的总目标和各部门的分目标。总目标是学校在未来从事活动要达到的状况和水平，其实现有赖于全体成员的共同努力。为了协调大学生在不同时间地点的努力，各个部门的各个成员都要建立和学校目标相结合的分目标。这样就形成了一个以学校目标为中心的一贯到底的目标体系。在设定每个部门和每个成员的目标时，大学生管理部门和学生管理工作者要向学生提出自己的方针和目标，学生也要根据学生管理部门和学生管理工作者的方针和目标制定自己的目标方案，在此基础上进行协调，最后由学生管理部门和学生管理工作者综合考虑后做出决定。具体来说，设定目标就是要做到每个院系、每个班级在不同的阶段都要设定不同的目标，如学习目标、实践能力目标、纪律目标、卫生目标以及道德修养和人生理想目标，并以此作为努力的方向。同时，还要注意目标的设定一定要明确清晰、能够量化。要求要适度，既要具有挑战性，又是通过努力可以达成的。最后还要为目标的实现确定一定的时程，即目标实现要有一定的时间限定，不能无休止。

第二，执行目标。各层次、各院系的大学生为了达成分目标，必须从事一定的活动，同时在活动中必须利用一定的资源。为了保证他们有条件组织目标活动，就必须赋予他们相应的权力，使之能够调动和利用必要的资源。有了目标，大学生们便会明确努力的方向，而有了权力，就会产生强烈的与权力使用相应的责任心，从而充分发挥自己的判断能力和创造能力，使目标执行活动有效地进行。

第三，评价结果。成果评价既是实行奖惩的依据，也是上下左右沟通的机会，同时还是自我控制和自我激励的手段。成果评价包括学生管理机构和学生管理工作者对学生的评价，学生对学生管理部门机构和学生管理工作者的评价，同级关系部门相互之间的评价以及各层次自我的评价。这种上、下级之间的相互评价有利于信息和意见的沟通，也有益于组织活动的控制。而横向的关系部门相互之间的评价，也有利于保证不同环节的活动协调进行。

而各层次中学生的自我评价，则有利于促进他们的自我激励、自我控制以及自我完善。

第四，实行奖惩。学生管理部门和学生管理工作者对不同成员的奖惩，是以上述各种评价的综合结果为依据的。奖惩可以是物质的，也可以是精神的。公平合理的奖惩有利于维持和调动大学生饱满的工作热情和积极性，奖惩有失公正，则会影响大学生行为的改善。

第五，确定新目标，开始新的目标的管理循环。成果评价与成员行为奖赏，既是对某一阶段组织活动效果以及成员贡献的总结，同时也为下一阶段的工作提供了参考和借鉴。在此基础上，为各组织及其各层次、部门的活动制定新的目标并组织实施，便展开了目标管理的新一轮循环。

(2) 实施目标管理应遵循的原则

第一，授权原则。即在大学生实施目标的过程中，学生工作管理者要能够给予学生适度授权。

第二，协助原则。即学生工作管理者要给学生提供有关资讯及协助，并且要帮助他们排除实际执行中的一些困难，解决一些问题。

第三，训练原则。作为高校学生工作管理者，一方面要进行自我训练，以不断提高自己目标管理的水平，另一方面还要训练学生，帮助他们掌握相关的方法。

第四，控制原则。目标的实现是有期限的，为了确保目标的顺利实现，学生管理部门和学生工作管理者在每一阶段中都要对学生的活动加以监督、检查，对出现的问题及时进行协助矫正。

第五，成果评价原则。成果评价原则由一系列原则构成，这些原则包括公开、公平、公正和成果共享原则。坚持公开原则就是要求公开评估，如学生进行自我评估，学生管理工作者进行客观评估。坚持公正和公平原则就是本着对事不对人的原则对目标达成情况进行客观比较。坚持成果共享原则要求充分肯定学生的成绩，将成绩归于学生。

2. 民主管理的方法

当前的大学生管理工作中，实施民主管理势在必行。对民主的追求是人的一种高层次追求。民主与人的素质有关，大学生作为文化素质比较高的人群对民主会有更高更切实的要求。对大学生实施民主管理，不仅有助于大

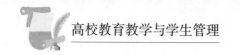

学生学习、生活和社会实践活动的有效进行，也有利于大学生实现自身的全面发展。实施民主管理，应着力做到以下几点：

（1）尊重学生的主体性

对大学生进行民主管理，就是要求在对大学生的管理中重视人的因素，也就是重视大学生的主体性，把大学生视为具有独立人格的个体。目前，有些学生工作管理者忽视学生的主体地位和平等独立的人格，如，部分规章制度都是在学生不知情的情况下制定出来并要求学生遵守的，学生在这一过程中完全处于被动的位置。再如，为了执行上级任务，忽视学生主体意愿，单方面强制性开展活动。要实施民主管理，大学生管理工作者必须改变态度，充分尊重大学生的主体地位，将其视为实现教育目标的主体，实现学校特别是大学生管理工作者与学生之间的互动，倾听他们的心声，反映他们的要求。对大学生的重视和尊重，会激发大学生对学校和学生工作管理者的信任和合作态度，进而支持其工作，如此就会达成学校和大学生管理工作者与大学生之间的相互信任、相互支持，从而取得良好的管理效果。

（2）正确认识学生的价值

大学生管理的对象是大学生，大学生管理的目的在于促进大学生身心健康地发展，使其个性得到张扬。在大学生管理中，应该充分发扬民主，把大学生既看作高校学生管理工作的对象，又看作管理的主体。目前，有些高校的学生工作管理者在进行管理和教育的过程中，缺乏民主，忽视人的自觉性，重制度，轻教育，工作简单粗暴，奉行惩办主义，脱离育人的宗旨，导致师生关系紧张，这种管理方法必须摒弃，应转而采取民主的方法。着力培养大学生的主体意识，引导大学生自我管理、自我教育、自我服务、自主发展等，促使其主体能力最大限度地发挥，为日后走向社会、走向工作岗位打下坚实基础。

（3）建立学生参与管理的新模式

从大学生的心理特征来看，他们正处于心理自我发现期，这一时期产生了认识和支配自我、支配环境的强烈意识，他们的思想和行为表现明显区别于中学生的相对独立的倾向，希望自己的意志和人格受到外界更多的尊重。他们对学校制定的规章制度、行为纪律会思考其合理性，不想被动地处于服从和遵守的地位，而是要求参与管理。根据大学生的这一心理特点，大学生管理应该打破传统的专制管理模式，激励大学生在管理中的主动精神和主人翁态度，鼓励大学生对学校的各项工作进行策略思考，形成民主管理的良好氛围，使学生真正参与到高校事务中来，体现学生的主体地位。如建立学校与学生的平等对话关系，让他们参与到教学工作、管理工作、后勤工作、社团工作中来，这样不仅可以减少潜在冲突的发生，而且可以改善学校及学生管理工作者与学生的关系，建立彼此合作、相互依赖、相互尊重、平等对话的良性互动关系和双方主体间的伙伴关系。

3.刚性管理的方法

刚性管理，是指以规章制度为核心，凭借制度约束、纪律监督、奖惩规则等手段对组织成员进行管理。刚性管理是一种强调严格的控制，采取纵向高度集权的，以规章制度为核心的管理。规章制度往往是以规定、条文、标准、纪律、指标等形式出现，强调外在的监督与控制，具有很强的导向性、控制性，其约束力是明确的。没有规矩，不成方圆。任何一个组织机构，它的正常运行和发挥效益都离不开严格的制度和规范。刚性管理是保证一个组织健康、正常运转所必要的管理机制的一个有机组成部分，它是以"合于法"为基本思路的管理方式和手段。

大学生正处于成长的关键时期，极易受外界环境的影响，惰性的增长较为容易，判断能力、自我控制能力也比较差。在自身发展过程中，表现出强烈的自我矛盾倾向。如自我意识强，但缺乏自我监督、约束和调控的能力。有自我设计、自我奋斗、自我选择、自我发展的欲望，但是又受到自身素质、能力和社会环境的限制。在如此情形下，刚性管理不仅是必要的，而且也是行之有效的。刚性管理的出发点并不是为了惩罚学生，而是在"法理"的前提下，达到正确规范学生，约束学生的行为，进而维护学校秩序，提高教育教学质量，提升学生的学习和活动效率，促进学生成长的目的。

刚性管理强调以外在的规范为主，它主要通过各项政策、法令、规章、制度形成有序的行为。管理者的意志通过这些具体条文体现，学生的一切行为都有章可循、有据可依，是非功过的评说都有统一的标准、统一的尺度。这些有形的东西不仅具有很强的可操作性，使学生有明确的行动方向，而且给学生以安全感和依托感，使学生放心地、充满希望地在制度框架内自由行动。

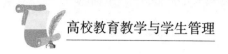

4.柔性管理的方法

柔性管理是相对于刚性管理提出来的。进入21世纪，人类对管理的要求已经不单单停留在严格、规范、科学的层面，而是更强调人性间的相互关怀和人格尊重，旨在不断追求人与人之间的情感互动和心灵共鸣，从而共同实现组织目标。促进人的全面发展的管理活动越来越为人们所接受并运用。于是，柔性管理便应运而生。大学生管理亦是如此，它面对的是有思想、有感情、有追求的大学生，单纯的刚性管理已不能完全解决大学生管理中面临的许多问题，必须辅之以柔性管理。柔性管理坚持以人为中心，注重人文关怀和心理沟通，强调通过营造和谐的组织文化和共同的价值观，以增强组织的向心力和凝聚力，从内心深处激发每个成员的积极性、主动性和创造性。柔性管理是刚性管理的完善和升华，以刚性管理为基础和前提，旨在使组织焕发生机和活力。如果说刚性管理更多地表现为静态的外显行为，那么柔性管理则更多地表现为动态内隐的心理认同。但对于大学生管理而言，不管是刚性管理，还是柔性管理，其落脚点都是为了促进大学生的成长发展。因此这两种方法在大学生管理中如同车之两轮，鸟之两翼，是相辅相成的，应该做到"共融、共生、共建"，实现刚柔相济。

对高校学生管理工作者来说，柔性管理的精髓在于以学生为本，注重人文关怀，它强调在尊重大学生人格和尊严的基础上，充分发挥大学生的积极性、主动性和创新精神，使之在大学生的学习、生活、能力培养、品格塑造、校园活动以及社会实践方面变被动为主动，变消极为积极，变他律为自律，促进大学生自我管理、自我约束、自我完善，趋善避恶，使之成长为适应社会需求的高素质、强能力、富有良好潜质和优秀品格的优秀人才。

5.系统管理的方法

系统管理，即将相互关联的过程作为系统加以识别、理解和管理，以便于组织提高实现目标的有效性和效率。

大学生管理具有系统性管理的特点，主要表现在以下几方面：

一是整体性。大学生管理作为一个系统是由多个子系统组成的，如，教学管理、生活管理、社团管理、社会实践管理、就业管理等，这些子系统之间既是相互独立的，同时又存在着相互依存、相互影响和相互制约。根据系统论思想，如果整个学生管理系统的各个子系统的功能都能发挥正常，那么整体的功能就会比较理想。即使某些子系统的功能发挥不甚理想，只要能够组成一个良好的有机整体，一般情况下也能够取得较为理想的效果，这就是所谓的整体大于部分之和。

二是关联性。大学生管理工作中的各要素既相互区别，又相互联系、相互作用、相互依存，并各有分工。

三是环境适应性。特定的环境会造就特定的管理，大学生管理离不开特定的环境。学生管理工作只有具备了环境的适应性，能够顺应环境、有效利用环境提供的有利条件，才会富有成效。

四是动态平衡性。学生管理系统的各要素在时间、空间和资源上的不同组合，要随着宏观环境即社会的变化发展而变化发展，对宏观环境要保持灵敏的适应性。

在大学生管理工作中实施系统管理，应着力抓好以下几个环节：

第一，建立一个多维立体的大学生管理体系，以最佳效果和最高效率实现管理目标。这一体系应包括一种大学生管理的组织结构，一种符合大学生学习、成长特点和进一步发展的管理模式，一套标准化的工作流程，一套科学完善的大学生管理工作制度，一套行之有效的管理运作方法等。

第二，正确理解和把握体系内各过程的相互依赖关系。在一个体系中，各过程是紧密相连的，往往会牵一发而动全身。因此，作为大学生管理工作者，应该力争在学生工作管理过程中做到统筹兼顾，实现体系内各个过程之间的相互协调、相互配合，谋求 1+1>2 的效果。

第三，各部门及人员须正确认识和理解为实现共同的目标各自所必须发挥的作用和担负的责任。作为同一系统的各层次、各部门的管理人员必须各尽其职，各负其责，这样才能减少职能交叉造成的障碍，顺利实现大学生管理的目标。

第四，大学生管理的决策者必须准确判断各个管理部门的组织能力，在行动前确定资源的局限性，避免因决策失误或虑事不周而造成人力、物力、财力的浪费。

第五，设定目标，并据此制订计划，设计方案，确定如何有效运作本体系中的一些特殊活动，使之能够高水平完成。

第六，通过测量和评估，持续改进体系。通过研究制定完善测量、评估制度与办法，探索建立评估制度体系，加强对评估指标体系和规范简便评估办法的研究，及时进行检查和评估，从而不断提高大学生管理的质量与水平，努力推进大学生管理目标的实现。

第三节　大学生管理的创新内容与策略

一、大学生管理工作创新的内容

(一) 管理理念创新

1. 树立民主的理念

民主的管理理念要求把人文管理作为高校学生管理的价值目的。当代大学生作为高素质的社会群体，对事物有自己独特的判断能力，命令式的管理方法难以促进管理目标的实现。大学生要求民主，渴望平等，在日常管理工作中我们就要强化学生的民主意识，凸显人文的管理理念。在学生管理工作中做到人文管理，首先就要求管理工作者要充分重视学生的主体地位。在日常的管理工作中要站在学生的角度考虑问题，尊重学生，学生是管理的主体，在管理中更要依赖于学生，为学生营造民主、和谐的管理氛围，把促进学生的全面发展作为工作的主要任务；其次，要让学生主动参与管理，在管理中积极选择，共同创造，团结合作，增强学生的集体荣誉感，进而明确学生的学习目的，使学生和管理者同心同德，促进管理目标的实现；最后，要为学生学习创造民主和谐的氛围。民主自由的环境有利于促进大学生创造性人格的形成和发展。长期以来由于学校管理的统一、教材的统一，造成了学生被动学习的心理；学生管理者的权威态度又造成学生的胆怯心理，丧失了学生学习的主动性和创造性。所以，高校学生管理工作实现人文管理，就要以民主的理念为指导，克服传统管理制度的缺点，为学生提供民主、自由的成长环境，解放学生的身心，从而保证学生学习的主动性，促进学生创造性人格的实现。

2. 树立法制的理念

学生管理工作实现有效管理的前提就是要尊重和保护大学生的合法权

益。在日常的学生管理工作中要强化法制观念，维护和保障学生的合法权益。法制的管理理念，首先要求管理者从法律的角度正确地认识学生与学校二者之间的关系。学校和学生之间是权利义务关系，受教育是学生的权利，学校作为义务主体，不能随意剥夺，应积极地满足学生受教育的权利；同时，国家赋予学校一定的行政管理职能，委托学校对学生进行管理，学校有一定的行政管理权力，学生在校学习要遵守国家的法律和学校的各种规章制度。这种关系下，学校和学生的位置发生互换，学生变成了义务主体，要服从学校的管理；第三，学校和学生之间又存在"合同"关系。学生交费上学，学生是受教育者，学校是教育者。高校学生管理工作者在分析学校和学生的关系时，往往单纯地认为学校和学生之间只是管理和服从的关系，而忽视其他两种关系的存在，这是其法制观念单薄的表现。在学生管理工作中，要切实保障学生的合法权益。虽然法律规定高校享有"依法自主办学"的权利，但是这种"自主管理"是在保障学生合法权利和知情权利的情况下，高校在法律规定允许的范围内进行管理。

3. 树立服务的理念

受高校扩招政策的影响，高等教育实现了"精英化"向"大众化"的转变。市场经济的快速发展使高等教育变成了大众化消费，大学生交费接受教育，作为特殊的消费者，有要求高质量的服务的权利；高校作为"经营者"也有义务为"消费者"提供良好的服务，以促进学生身心的健康发展。因此，高校不仅有"教育育人""管理育人"的职能，还有"服务育人"的职能，高校学生管理工作要坚持"以学生为本"，实现管理工作由"行政化"向"市场化"的转变。[①] 现代化的学生管理理念要求要为学生提供高质量的服务，促进学生身心的健康发展。高校不仅要为学生提供知识理论的传授和学习的引导，还要为学生提供良好稳定的学习和生活环境；同时，要为学生提供职业生涯规划发展、就业指导、维权等服务。管理服务要针对不同学生的不同情况采取不同的方式，不能因为学习成绩和学生自身条件的优劣而区别对待。

4. 树立创新的理念

高校管理过程中的共性，扼杀了学生的创造性潜能，使学生的发展空间受到了限制。大学生群体是由富有创造性的个体组成的，挖掘学生自身的

---

① 史秀云. 当代大学生的自我管理 [M]. 长春：长春出版社，2017：31–32.

创造潜力，就需要给他们适应和发展的空间，才能激发他们的潜能。因此，高校学生管理工作必须树立创新的理念。要把大学生作为管理的主体，在管理工作的过程中要注重培养学生的自主性和创造性。首先，要在学生管理的过程中注重强化学生的创新意识，给学生自由的空间，激发他们探索新事物的兴趣。引导学生在学习中创新，鼓励他们在学习和实践中敢于向权威挑战，发表自己独特的见解和思想；同时，要求学生管理者为学生的创造性发展提供一个和谐宽松的环境。不整齐划一地要求学生，在管理的过程中减少对学生创造活动的限制，减少强制性的要求，鼓励学生进行各种创造性活动。要以发挥学生的主观能动性为主，管理者提供指导性的意见和建议为辅，激发学生的创造潜能。同时，学生管理工作者要积极支持学生的创造活动，为学生的创新活动勇于承受压力，敢于承担风险。

(二) 管理内容创新

第一，建立大学生就业指导中心，认真做好学生就业的指导工作。随着市场经济的发展和高校的扩招，毕业生的不断增加和日益严峻的就业形势，使高校毕业生的就业难度逐渐增大。高校毕业生的就业工作关系到每一位学生的切身利益，大学生就业难影响经济的发展，更影响和谐社会的建设。高校要积极建立和完善大学生就业指导中心，聘用专业人员为在校生提供职业生涯规划发展的指导，利用指导中心的自身优势为毕业生做好就业的指导工作。

第二，建立大学生心理咨询中心，促进大学生身心的健康发展。随着市场经济的发展和社会形势的不断变化，来自学习、就业等各方面的压力给大学生的心理带来了严重的影响。高校部分大学生出现了不同程度的心理问题，有些问题甚至影响到了校园的和谐和社会的稳定，所以大学生的心理健康问题需引起高度重视。高校管理者要积极组织学生通过进行社会实践等各种方式来增强学生的社会责任心、集体荣誉感和环境适应能力，让学生在人际交往中树立自信心，在竞争环境中增加竞争意识，找寻自身条件与社会需要之间的差距，正确地审视自己，从而培养大学生的健全人格。

第三，完善大学生资助体系，建立大学生资助中心。随着高校收费制度的改革和办学体制的多元化，贫困生工作成为高校学生管理工作的重要内容。做好高校学生管理工作，实现"以学生为本"，就要着力解决贫困生的生活困难。做好贫困生的建档工作，做好大学生助学贷款工作，公平公正地进行国家助学金和校内困难补助的发放，在校园内广泛开展勤工助学工作，构建和完善"奖、贷、助、补、勤"的资助体系。在解决贫困生生活困难的同时，还要对贫困生进行感恩教育，让他们懂得感恩，自立自强，回报社会。

第四，积极开展"第二课堂"活动，建立大学生科技文化活动指导中心。"第二课堂"活动的开展对大学生的全面发展起着重要的作用。丰富大学生的课余文化生活，成立校园科技文化活动指导中心，对大学生的校园文化活动进行指导，是高校人文管理的重要内容。"第二课堂"生活具有第一课堂不可替代的功能，它结合专业知识，通过各种形式开展各种科技文化活动。在丰富大学生课余文化生活的同时，拓展了学生专业外各方面知识的学习，提高了学生文化素质和综合素质。

(三) 管理手段创新

1. 学生管理的思想教育手段

一是思想教育观念创新。对思想教育工作进行创新的前提是要创新思想观念。对大学生进行思想教育的主要目的是为建设和谐社会培养人才，指导大学生树立科学发展的思想观念，教育引导大学生在促进个人发展的同时为和谐社会的发展服务；同时，要动员各方面力量为大学生的全面健康发展创造条件，帮助他们解决学习、心理、生活等各方面的难题。使大学生拥有健康的心理是进行思想教育的前提，要把思想教育与心理健康教育相结合，以心理健康教育促进思想工作的顺利开展。

二是思想教育内容的创新。要用科学的精神规划大学生思想教育的内容体系。让先进的科学文化知识贯穿于大学生思想教育的全过程，使大学生在接受思想教育、提高思想素质的过程中，不断地提高自身的科学文化素质和人文素养。

三是思想教育的机制创新。要建立和完善与高校学生管理工作相配套的运行机制，利用稳定的工作机制规范学生管理工作，来提高学生管理工作的科学性；建立和完善学生管理工作的评估和保障机制，提高管理工作的效

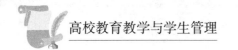

率，增强思想教育的实效性，从而使高校学生管理工作适应创新型人才的需求。

四是思想教育的载体需要创新。高校教育改革不断深入，学生的日常思想教育工作要更加灵活，具有感染性和渗透性，才能使思想工作富有亲和力，易被学生接受。所以，思想工作的载体要朝着丰富多样化的方向发展。比如，通过以校园科技文化活动和实践活动为载体，来丰富思想工作的内容；以网络平台为载体，通过把握互联网上思想教育的主动权，利用现代信息技术来拓宽思想教育工作的领域；要以科学的评估机制为载体，将大学生思想教育工作列入高校管理工作水平评价的重要指标。

2. 学生管理的自我管理手段

学生进行自我管理的过程是指导学生进行自我约束和自我控制的过程。学生通过管理者的引导，运用正确的方法，以促进自我的全面发展为目标进行管理。自我管理也是自我认识得以提高、良好习惯自觉养成的过程。通过实施自我管理，激发大学生的积极性和主动性，最大限度地发掘学生自身潜力和创造性，进而促进大学生的全面发展。

高校进行学生管理的目的就是培养学生成长成才，同时大学生也渴望发展自身个性，进行自我管理。为了顺应新形势和新情况的发展，高校学生管理工作要变管理学生为学生自我管理。让学生充分了解学校的管理目标，使其在自我管理的过程中充分发挥自身的才能，锻炼、培养自身的能力，同时又自觉地约束自身的行为，从而全面提高学生的综合素质，培养学生的健全人格。

学生管理工作者引导学生进行自我管理，首先要帮助学生明确自我管理的意义，为学生传授自我管理的有效方法，同时要为学生创造自我管理的机会。在日常管理工作中要从以下几个方面进行倡导：

第一，帮助学生制订自我管理的计划。学生管理工作者指导学生自我管理，首先要明确自我管理的目标和意义。引导和帮助学生制定合理的管理目标和管理计划，使学生的自我管理目标在促进自身全面发展的同时，还要与学校的人才目标一致。

第二，要培养热心学生工作、有责任感的学生干部队伍。学生干部是学生中的骨干力量，是学生和学校之间联系的纽带，向上能够向学校反映学生的意见和建议，向下能够传达学校的政策精神，他们能够在学习、活动、生活等各个方面起到表率的核心作用。对学生干部队伍进行培养和教育，能够增加他们的责任感，从而提高学生自我管理的效果。

第三，要协调学生自我管理中的各种关系。学生自我管理的开展，出现了很多新的关系。新关系的出现也随之产生了新的矛盾，协调处理好自我管理中的各种关系才能为学生的自我管理提供稳定的发展平台。学生管理工作者要学会统筹兼顾，保证学生自我管理的顺利发展。

第四，要善于总结，提高认识。组织学生开展自我管理还需要注意自我管理活动后的总结。学生管理工作者要引导学生进行活动后的反思，并针对自我管理活动的效果进行及时的总结。重视用理论指导实践活动，并用实践总结经验丰富理论。经过认识—实践—再认识的过程，自我管理活动才能完善。

3. 学生管理的激励管理手段

激励管理就是通过调动学生的积极性，充分发掘其自身的潜力，引导他们为实现目标而努力。激励管理作为高校学生管理工作的重要手段，它运用得是否正确，直接关系着学生管理工作的效果。学生管理工作者在日常管理中要恰当运用激励管理手段，使其促进学生的发展，实现管理的目标。

激励管理手段在管理工作中运用要注意以下几个方面：

第一，使理性教育和感性引导相结合。通过教育提高学生的思想觉悟，帮助他们树立正确的世界观、人生观、价值观，才能从根本上提高大学生的综合素质，进而发挥他们的主观能动性。单纯的理论教育太过于空洞和枯燥，把理性教育和感性的引导相结合，使学生和管理者达到情感的互融，使管理者的教育和管理更容易被学生接受，从而达到良好的管理效果。

第二，帮助学生确立合理的目标。合理的目标能帮助学生树立自信心，促进大学生更好地发展。目标过大，不易完成，会使学生丧失学习的主动性和自信心；目标过小，太易于实现，又不能充分发掘学生的潜力。学生管理工作者要引导和帮助学生制定切实可行的目标，既要考虑到目标的可行性，又要以促进学生的发展为前提。

第三，学生管理工作者要学会"倾听"。在日常的管理工作中，要理解和尊重学生。学生管理工作者要学会"倾听"，及时了解学生的困难和需要，

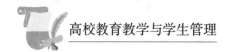

对学生进行规范合理的引导。在制度的制定和执行中，既要考虑管理者自身，更要站在学生的角度考虑，认真听取学生的意见，从而保证制度的人性化和实际操作性。

第四，培养学生的竞争意识。对学生进行竞争激励，可以帮助学生树立竞争意识，从而可以充分发挥学生潜力，收获最佳的激励效果。现代社会的发展要求学生树立竞争意识，一方面，通过竞争可以增加学生的压力，让其产生危机感，进而激发学生学习的主动性；另一方面，学生通过竞争获得激励，可以增加他们的自尊心和自信心，从而提高管理的效果。

二、大学生管理工作的创新策略

(一) 以学生宿舍管理为基点

宿舍文化是校园文化建设的重要组成部分，有着其独特的创造性。现今社会，"服务育人"的理念不断深入，对学生宿舍的设施，文化环境氛围，以及宿舍管理的服务质量都提出了更高的要求。作为高校稳定工作的重要组成部分，学生宿舍的稳定关系着高校的稳定。因此将学生管理工作融入学生宿舍，是大学生管理工作的创新要求。学生管理工作者要根据高校学生宿舍管理的特点，建立新的工作机制并加以实施。如：辅导员进入学生宿舍，与学生聊学习、聊生活，为学生提供有益的建议；强化学生进行自我管理，努力把学生宿舍建成自我管理、自我服务的场所；积极组织开展宿舍文化建设活动，创造一个良好的、和谐的环境。学生管理工作进学生宿舍，强调重视对大学生群体行为的控制与监督，防止出现学生群体行为过程中失控性、行为后果破坏性的缺点。因此，在日常管理中学生教育要教育引导大学生全面、客观、辩证地思考问题、认识问题，与此同时更要建立有效的信息反馈渠道和对话机制，针对发生的问题，及时进行交流疏通，采取有效的措施控制与解决，从而有效地控制学生的行为，正确地解决问题。

(二) 以社团文化建设为渠道

校园文化是学生群体的文化，是以校园精神为主要特征的。它是学校开展"第二课堂"教育的有效途径。稳定和谐、健康向上、充满活力的校园文化，可以陶冶情操，增长知识，有利于增加大学生的归属感和安全感，增强大学生自我判断、自我完善、自我发展的能力。校园文化为大学生提供了交流沟通、展示才华、锻炼能力的平台，也为学生管理工作者提供了了解学生的渠道，帮助管理者改善管理方式，提高管理效果。

高校学生管理工作者在开展思想教育和管理工作时，可以以社团为渠道，充分利用社团。"当前高校，社团文化的建设中各类社团名目多，社团举办的活动多，活动中娱乐型的多，但是能够真正吸引人的社团少，举办的富有启迪和思考型的活动少，能够真正拿出去的东西少。"造成校园社团文化建设"三多三少"现象的主要原因是社团文化的整体层次较低。提高社团文化建设的层次，使社团文化适合大学生的口味，符合大学生的欣赏水平，是加强校园文化建设的主要途径。高校学生管理工作者通过对社团的管理，可以对大学生的自我管理和自我教育进行规范化引导，从而起到对大学生的行为进行管理的作用；同时，学生社团在开展活动和发行刊物时也要服从学校的领导和管理，在法律和校规允许的范围内活动。校园文化活动的开展，还要坚持长期性和实践性原则，让学生从活动中学到知识，提高能力，真正受益。从而在校园文化良好氛围的熏陶下，不断地完善自我。

(三) 以网络信息化为手段

随着信息技术突飞猛进的发展，互联网已经成为大学生拓展知识面、获取各种有用信息的重要途径。内容丰富、更新传播速度快、开放性大、易接触、涉及面广、不易监控是网络文化最显著的特点。网络信息化是一把"双刃剑"，在给大学生管理工作提供便利、创造条件的同时，又使其面临严峻的挑战。面对这一局面，高校要培养和建立科学化、专业化的学生管理工作队伍，学生管理工作者首先要充分利用现代化的信息技术手段，建立有效的学生管理工作系统，充分利用网络对大学生进行管理，要熟练掌握网络技术，对学生关注的热点和难点问题要及时关注，及时了解。实施信息监控，发现问题，采取针对性措施及时解决，有针对性地做好学生工作。要教育和引导大学生正确使用网络，在拓展大学生的知识面、提高其网络技术的同时，创新大学生管理工作的新领域。与此同时，要针对大学生自控能力较差的特点，通过网络心理讲座、网络知识活动等手段加强网络道德和心理健康教育。帮助大学生养成正确的网络使用习惯，形成健康的网络心理，从而增强大学生辨别是非的能力，抵制不良信息对其的影响。在校园网的管理上，管理工作者要对大学生校内入网进行统一管理，提高校园网主页质量，防止不良信息的侵蚀。

结束语

本书对高校教育教学与学生管理研究得出的结论主要有以下三个方面：

第一，高校管理者专业发展是个体实现专业化的成长过程，是个体从"管理新手"成长为"管理专家"的发展过程。高校管理者的专业发展包括"个人发展"和"组织发展"两个维度，是一个主动的、持续的、系统的过程。高校管理者管理能力培养的过程就是其专业发展的过程。管理专业化是具有现代性的管理的特征之一，这一观念要求管理人员兼备管理能力和该领域的专业水平。理想状态里，这样的人才能够通过自身的高管理能力和高专业知识，制定最优的发展与管理策略，从而提高管理效率，促进管理的科学化发展。

第二，高校领导队伍建设要深入学习贯彻习近平新时代中国特色社会主义思想，严格贯彻落实党的教育方针，紧紧围绕培养什么人、怎样培养人、为谁培养人这一根本问题，全面加强党对教育工作的领导，坚持立德树人，形成"三全育人"格局，努力提高领导队伍建设的水平，真正实现高校立德树人的目标，实现中华民族的伟大复兴。

第三，大学生管理是高等学校为实现人才培养目标而面向大学生实施的特殊的管理活动，有其特定的内涵和重要价值。大学生管理是建立和维护正常的教育教学秩序的重要保证。没有有效的大学生管理，就不可能有正常的教育教学秩序。随着社会的发展，大学生管理服务对象的需要在变化发展，这就必然会促使大学生管理的功能发生相应变化和发展，从而使大学生管理的价值得到增强和拓展。

以上就是本书对高校教育教学与学生管理得出的一些结论。不可否认的是，受笔者知识的广度和深度、资料来源、研究时间等因素的限制，书中仍在一些方面存在不足之处，希望自己能在今后的研究中加以弥补和修正。

参考文献

[1] 柏杨.改革开放以来高校辅导员队伍建设研究[M].成都:西南交通大学出版社,2018:33-36.

[2] 韩晓强,刘铁玲,舒晓红.教师文化素养与师资队伍建设[M].成都:电子科技大学出版社,2017:10-12.

[3] 韩强.高校干部队伍建设研究[M].成都:四川教育出版社,2009:50-51.

[4] 赵雪政,余少军,余金保.大学生职业生涯规划与管理[M].上海:上海交通大学出版社,2022:77-79.

[5] 杜辉.大学生职业生涯规划[M].武汉:武汉大学出版社,2022:80-82.

[6] 刘思延.高校教育教学管理实践与创新发展[M].哈尔滨:哈尔滨出版社,2021:117-119.

[7] 王慧.现代教育理念下的高校教育教学管理研究[M].北京:化学工业出版社,2021:76-79.

[8] 刘旭.高校教师教育教学技能[M].长沙:湖南师范大学出版社,2021:180-181.

[9] 沈晓桐,张忠.浅谈高校管理人员如何践行教书育人[J].神州,2021(10):44.

[10] 胡锦霞.对高校教学管理人员专业化要求的分析[J].黑龙江教师发展学院学报,2021(11):29.

[11] 许海光.新媒体视域下对高校学生思政教育的思考[J].中国多媒体与网络教学学报(上旬刊),2019(8):190-191.

[12] 王千.谈高校教务管理问题探究及对策[J].才智,2017(19):159.

[13] 柳芳叶.新媒体技术条件下高校教学管理中存在的问题及对策研究

[J]. 江西电力职业技术学院学报，2019(4)：85-86.

[14] 骆蕾. 生本教育理念下的高职教育教学管理改革探析 [J]. 当代教育实践与教学研究，2016(3)：191.

[15] 叶圆. 人本理念视角下的高校学生参与教学管理路径探析 [J]. 亚太教育，2016(14)：48.

[16] 王利军，李喜杰，魏巍. 以生为本理念下学生参与高校教育教学管理工作的研究 [J]. 佳木斯职业学院学报，2018(3)：291.

[17] 孙嘉骏. 创新教育理念下的高等教育管理 [J]. 才智，2019 (2)：43-45.

[18] 李志勋. 大学生管理过程中问题分析与机制创新研究 [J]. 科学中国人，2017(6Z)：70-71.

[19] 彭雅琴. 新时期大学生管理问题分析与机制创新研究 [J]. 新校园：上旬刊，2017：155.

[20] 郑日辉. 大学生管理的问题分析与机制创新研究 [J]. 科学大众：科学教育，2018(04)：107-108.

[21] 周欣. 高校大学生管理问题与创新机制研究 [J]. 科学大众 (科学教育)，2017(06)：112.

[22] 戴维娜. 高校学业预警机制初探 [J]. 理论观察，2018(04)：29-31.

[23] 段志峰. 从预警教育谈大学生管理工作 [J]. 跨界者，人文教育 2018 (12)：76-77.

[24] 张靖晨. 辅导员视域下高校学生学业预警研究 [J]. 科教文汇，2019 (07)：56.

[25] 刘承功. 加强高校党的全面领导面临的问题及应对策略 [J]. 思想理论教育，2022(2)：20-22.

[26] 孔欣. 加强高校教工党支部建设路径初探 [J]. 领导科学论坛，2022 (3)：76.

[27] 周家伟，李慧萍. 新时代提升高校学生党支部组织力研究 [J]. 学校党建与思想教育，2022(8)：49-51.

[28] 雷卫平. 高校立德树人的时代价值与践行路径 [J]. 学校党建与思想教育，2022(4)：10-11.

[29] 苏寄宛. 引领高校教师做好立德树人工作的实践思路 [J]. 思想理论教育导刊, 2022 (2)：21.

[30] 张杰侯, 张修身. 加强高校民主生活会监督的创新路径 [J]. 领导科学论坛, 2022 (1)：44.

[31] 冯刚, 孙贝. 新时代高校意识形态工作的三个着力点 [J]. 北京教育（高教版）, 2022 (3)：56-59.

[32] 赵志博. 大学生管理教育工作创新策略分析 [J]. 山西青年, 2022 (11)：8-9.

[33] 戴艳清, 向文静. 大学生个人健康档案管理提升路径探析 [J]. 档案与建设, 2022 (1)：7-10.

[34] 米春明. 新时代大学生党员教育管理服务研究 [J]. 才智, 2022 (8)：30-32.

[35] 崔晓. 法治视野下大学生安全管理对策研究 [J]. 法制博览, 2022 (10)：21-23.

[36] 华维勇. 高校专业教师的思政教育角色定位及建构途径 [J]. 现代教育论丛, 2018 (02)：16.

[37] 谭静. 以人为本理念在高校管理中的渗透 [J]. 区域治理, 2022 (4)：56.

[38] 刘乐乐. 民办高等教育管理特征及发展趋势研究 [J]. 内蒙古科技与经济, 2022 (7)：33.

[39] 赵冰. 新时期地方高校高等教育管理体系构建与实施分析 [J]. 智库时代, 2022 (6)：19-21.

[40] 李琨煜. 高校教育教学管理信息化建设的对策思考分析 [J]. 人文之友, 2020 (1)：147-148.

[41] 马瑶. 探究高校教育管理的信息化建设 [J]. 科教导刊—电子版（下旬）, 2020 (1)：80.

[42] 常桐善. 高等教育评估文化建设 [J]. 河北师范大学学报（教育科学版）, 2022 (2)：77.